壓力下的優雅

喚醒以人為本的台灣經濟

洪財隆——著

人們專注在追一顆球或獵一隻兔。國王也有相同的興致。

——巴斯卡（Blaise Pascal），《沉思錄》

目錄

II　公平會手札

各界好評推薦

（依姓氏筆畫排列）

壓力下的優雅，字裡行間，既顯現一般人所熟悉的、經濟學家的理性思維；又帶著作者特有的、汲汲追求社會共好願景的浪漫情懷。從宏觀的大師理論到公平會的具體案例，跳脫一般人對「經濟」的狹窄想像，從社會公義、國家興衰、甚至時尚的人工智慧科技，都可以從經濟學出發，以人為本，找到創新的答案。

書中提到一個例子：蘑菇之類的真菌植物會透過分泌特定化學物質，默默的改變周遭環境和地貌，因此往往是滿地廢墟中最先出現的生物。我覺得，作者此書，就好比是一顆努力的蘑菇，不喧嘩（看過哪顆蘑菇大聲吵鬧嗎）、不虛飾（太美麗的蘑菇必定有毒），堅持生存與書寫的優雅姿態，終能改變人們認知的地貌與風景。

——江雅綺，國立台灣海洋大學法政學院教授

閱讀本書過程中，彷彿可以看見作者不時舉手：「我有意見！」的畫面。做為一位經濟學家，財隆兄別有洞見的知識趣味，總驅使我對既存現實多去思考不同的切入點。充滿人文關懷的思路，讓貼身的經濟政策更好下嚥。

——莊豐嘉，資深媒體人

「經濟學和經濟學家能為台灣社會做些什麼？」《壓力下的優雅》一書最可貴之處，在於洪財隆博士秉持一貫對這塊土地的深情關懷，不只做為知識份子，更是一個對人文、文學、文化、生活保持廣闊熱情和好奇的人，投注他長期透過閱讀、參與、實踐與反覆省思，以更有溫度、更活潑幽默、更具打底作

用的文字，以及清晰周延的思想脈絡和具體實例，為讀者就「攸關台灣未來前途」的各項重大議題，例如經濟不安、人民福祉、社會公平、國家興衰與ＡＩ的雙面性等，提出足以協助進行整體思考，並深入論證其背後更深層意義的見解。此吾人之幸也。

更要緊的是，在現今眾多公共事務決策的思維上，越發傾向工具化、快速化、片斷化的此際，洪博士於本書中所展現的、深具個人特色的風格——在條理分明的「理性」思辯下，仍不由自然流露的憂天下蒼生（以人為本）之溫文爾雅「感性」氣質，正是讀這部作品，令人低迴再三，並勾起「有為者亦若是」澎湃心緒的最大魅力！

——陳蕙慧，資深出版人

從事新聞工作數十載，結識了許多關懷的文字，來自於高貴的靈魂；經濟學者洪財隆是耀眼的一位。親炙他多年一以貫之的堅持，強調機會均等，關照中下階層福祉的改善，真正實踐「經世濟民」於行動與生活之中，可以在《壓力下的優雅》隨時尋得證據與啟發。

——鄒景雯，《自由時報》總編輯

欣聞財隆兄發表新書，探討台灣社會富裕之後，邁向下一階段經濟轉型的機會與挑戰。新書中談及財隆兄在公平會所見所聞並剖析其所撰寫多篇不同意見書的心中理念。想來因本人有幸與財隆兄在公平會共事四年，因此邀我在其大作中做為推薦短語作者，實在非常榮幸。

新書展現財隆兄的多方視野以及感性的文筆，不僅以人文情懷的筆觸談及李前總統登輝先生的經濟學家的特色，也兼及國家韌性的來源應與國家機關的能動性有關。這一觀點對我而言是一大啟發，也自然銜接財隆兄大作後半部中做為公平會委員在不同案件中勇於撰寫不同意見書的動機來源。他更明白指出公平會不應僅以維持競爭中立而不積極介入具有相當市場力量的通路商施予其上游供應商多種垂直限制。更不應該在面對市場力量被濫用後，競爭執法機關以此競爭中立做為其兩手一攤的藉口。壯哉斯言，值得吾輩深思。

——蔡文禎，東吳大學經濟系教授、前公平交易委員會委員

年紀越長，越理解人多的地方最好不要去，票多的也未必代表公平正義。在這樣的領悟下，洪財隆這本《壓力下的優雅》一書中的第二部分「公平會手札」對我而言別具意義。一方面，他極有可能是（本人不負責任但有某種把握的猜測）公平會有史以來撰寫最多篇不同意見書的委員，足足有十二篇，另外還有許許多多散落在會議紀錄的不同意見或補充意見；可見他身上充沛著當代中年人少見的「不怕尷尬」的勇氣之外，骨子裡其實是個既理性又浪漫，懷抱高度理想又深具長期經濟戰略思考的人。本書雖然只刊登了其中四篇不同意見書，但作者加上了前言後語，讓我更認知到洪氏邏輯其實挺有道理，「見仁見智」其實是鄉愿社會生產過剩的垃圾。這本書同時也很適合搭配魏杏芳教授的

部落格「奶油想想」裡面的另外十篇不同意見書一起閱讀。

——賴秀如，中央廣播電台董事長

所謂文如其人，讀著洪委員的文字，就像看到鮮活的本人一樣，總是真實而熱情的生活，一如他自序所稱「有感的蒐集」！對洪委員的認識，來自於與他在公平會共事數年的經驗，因此我能夠理解在合議制獨立機關裡，會議上「不怕尷尬」地推倒「表面和諧」真的需要勇氣！社會上大部分人選擇沒入與人為善的安全港中，他的文字，撩起人們心裡曾經有過的掙扎，不論你是否曾在公平會。洪委員不總是衝撞的，他熱愛閱讀、寫作還有下棋，而且不只是口頭說說而已，還能在壓力下優雅地付諸實踐，這本「以人為本」做為價值基底的新作，值得一讀。

——魏杏芳，國立政治大學法學院兼任副教授、前公平交易委員會委員

推薦序

二〇二〇年代的勇氣

周奕成（世代文化協會發起人）

1. 一九二〇年代的勇氣

財隆博士的新書，定名為《壓力下的優雅》。

很多人都知道，這是美國作家海明威的名句，最早出現在一九二六年，海明威寫給另一位美國作家費茲傑羅的信中。

海明威要談的不是壓力，也不是優雅，而是勇氣。Courage is grace under pressure.

為什麼勇氣是壓力下的優雅，留在這篇序文的最末再談。

先談談海明威、費茲傑羅，以及為什麼他們在一九二〇年代要討論勇氣的問題。

海明威在歐戰期間，曾擔任軍用救護車駕駛，在戰地出生入死。他也是一位知名的冒險者，以野外狩獵做為自我挑戰，在他筆下最著名的小說人物，都是勇氣的象徵。

費茲傑羅的名句則是「給我一個英雄，我就為你寫一個悲劇」，言下之意是每一個英雄故事都是悲劇。

因為他們面對的是一九二〇年代。

那是法國巴黎做為「流動的饗宴」的時代，是美國上演著《大亨小傳》的時代。

一九二〇年代是大蕭條之前的繁榮、大獨裁之前的自由、大戰爭之前的和平。作家們當時未必意識到世界將再巨變。但必定感受到在活潑的水面下有潛伏的逆流。

勇氣在任何時代都是文學的主題，在巨變之前更是如此。

2. 二〇二〇年代的壓力

洪財隆《壓力下的優雅》出版之時，是二〇二五年二月。

讀者看到這本書的時候，川普剛宣誓就職，展開第二次美國總統任期。

這可能是最好的時代，也可能是最壞的時代。

川普是否及如何執行提高關稅、退出國際組織，乃至調停俄烏戰爭？如何處理美國與中國的貿易、科技、戰略矛盾？

對台灣，他和他的政府將如何看待？而台灣，我們和我們的政府將如何應對？

到了川普就職前幾天，除了他的堅信者之外，全世界多數人仍在猜測。

但世界會有更大的變化，是可以預測的。

這就是深深的二〇二〇年代——一九二〇年代會再來。

但全世界的二〇二〇年代，是一九九〇年代的產物。三十年全球化開展了人類歷史少有的承平時期，也醞釀了新的動盪。貿易的全球化，擴大世界規模的不平等，也讓中國成為G2之一。一世紀以來，財富分配從未如此集中於極少數人。在百年大疫之後，各國政府擴大公共支出，推升了物價，卻未能改善貧富差距。

三十年全球化在各國內部拉大社會不平等，卻也拉近中國與美國的國力差距。這兩個因素都對民主自由造成威脅，致使廣大的「不滿族」在各國內部崛起。

在威權國家，不滿族很難反抗威權；在民主國家，不滿族卻可以顛覆民主。民主國家可能從內部失敗。這正是二〇二〇年代的民主弔詭。

而在過去三十年，中國快速取得科技與生產力，也取得挑戰民主國家的能力。現在與未來，中國式科技威權主義將在全世界與民主主義相競爭。民主不僅遭逢內部質變，也遇到外部挑戰。

全世界民主國家遭受著壓力。其中受到最大壓力的就是台灣。

3. 不平等與政治

在這本書中，洪財隆談到貧窮與不平等的問題。這是當代經濟學及社會學的主要議題之一。

貧窮是個體和家戶生活條件的絕對值。不平等則是社會群體相互比較的概念。消除貧窮是必須的，再困難都要做。消除不平等則幾乎不可能。

皮凱提（Thomas Piketty）在其名著《二十一世紀資本論》中，用統計圖表呈現不平等情況。全球的分配不平等，從一九一〇到一九二〇年代最高，在一九四〇年代大戰後逐漸下降，至一九七〇年代最低。到了一九八〇年代，不平等再度升高，直至二〇一〇年代再攀更高峰。

可以預見的，二〇二〇年代之後，財富更趨集中，不平等會更嚴重。

更嚴重的不平等，持續成為極端主義民粹政治的溫床。

4. 台灣的韌性

在物理上，韌性指材料斷裂前能吸收多大的能量；在一個社會和國家，韌性則關係到制度和人的連結。

洪財隆認為，「能動性」是「韌性」的來源。

如果在一個社會中，大部分的個體都具有能動性，則韌性就會加強。

在這本書裡，幾乎每個主要論題都和台灣的韌性有關。

洪財隆談到以人為本的經濟思維、幸福經濟學。假設我們以「人」做為經濟思維的中心，那將讓社會各個部門的能動性加強。

在這本書出版前的二〇二三年，全球ＡＩ技術經濟巨大進展，並擴大應用規模。從馬克思主義的科技與經濟決定論角度，這是人類社會進入下一階段的基礎。

對於ＡＩ與人本經濟、幸福經濟，我們期待後續有更深更廣的討論。

5. 洪財隆的優雅

這本書唯一提到「壓力下的優雅」，是在第四章。

原本作者可以採用其他篇章做為書名。比如「尋找幸福經濟學」或「國家韌性從何而來」。用這麼文學性的「壓力下的優雅」，而非更具經濟學或公共政策意涵的書名，必然有他的思考。

他顯然要談台灣，但也在談他自己。

在壓力下仍能保持優雅，是因為鎮定，也是由於韌性。

有勇氣的人不畏後果，心裡得以鎮定。有強烈求生求勝意志，就產生韌性。

所以說，勇氣是壓力下的優雅。

在同一章最末，洪財隆提到「來自蘑菇的啟示」。

在最惡劣污染的環境，蘑菇是最先長出來的生物。

蘑菇會分泌有利的物質，緩慢地去改變環境，使其恢復生機。
在令人失望的環境中，蘑菇會默默地散發訊息，提供希望。
這是洪財隆的優雅，也是洪財隆的勇氣。

寫於日本九州福岡空港

自序
有感時刻的蒐集

這本書主要是為自己和下一世代而寫，講一些對台灣也許不是那麼急迫，但如想更上一層樓卻很重要的意識和觀念。起心動念並能夠成書則和幾份邀約有關。

二〇二三年八月初，民主前輩劉進興教授替《人本教育札記》雙月刊的「認識台灣」專欄向我邀稿，希望我能就台灣經濟發展的成就和挑戰寫篇文章，對外界傳達我們「不應自滿但也不必妄自菲薄」此一訊息。

鄭重其事的劉老師約我在師大附近巷弄的「天曉得」藝文餐廳見面。除了分享他一輩子對自由和公平理念的層層感悟之外，更送我前幾期刊物當作參考。這本雜誌風格清新且內容多元繽紛，選題和呈現俱見用心。構思稿約期間翻著翻著，不知不覺間台灣經濟轉大人、以人為本這些想法很自然地就在我腦海中浮現。

其中，台灣能在二十一世紀前夕擺脫物質匱乏（貧窮）並跨越中等所得陷阱是世人稱羨的兩大成就，二十一世紀以來面臨中國經濟崛起則對我們的經貿自主性和國家主體性帶來巨大挑戰。這些成就和挑戰都可視為台灣經濟轉大人，甚至回到人本政策思考的基礎和催化元素。

沒想到文章刊出後主編們覺得這種說法很新鮮，問我能不能再多談一點，尤其是經濟政策如何連結到人本思想這部分，大家深感好奇。恭敬不如從命，於是有了「突破隧道視野 回歸以人為本的經濟發展思維」做為續篇。談雖然我們早已擺脫物質匱乏，但可能源於過去那段匱乏經驗的集體心理陰影，以致至今仍緊咬「拚經濟」（成長）的奶嘴不放，無論是政策框架或語言都普遍缺乏想像力。

如何把發展視角從物質、產值轉移到人的身上，應是台灣各方面如想轉大人的關鍵，但這的確不是一件容易的事。看看我們對只做表面處理和虛假的「效率文化」容忍度那麼高，可知一斑。

就在準備續篇的寫作素材期間，因為剛好到屏東小旅行，順道拜訪一位老友。也許是心有靈犀，無意中在老友住處看到國史館二〇〇八年出版的《李登輝總統訪談錄》，同時發現李前總統早有經濟發展的目的和手段都應該回到人的身上這種講法。驚喜之餘，也挑起我一探登輝伯經濟思想的念頭，後來寫成〈在潮州遇見李登輝〉共三篇致敬文，一併收錄於本書。

另一份寫作邀請則來自自由時報總編輯鄒景雯小姐。本書第一和第三部分的不少文章內容都曾在她主編的週日版「自由共和國」發表過。談論主題從包容式經濟成長模式的特色、幸福經濟學的內涵，到經濟不安與分配不均孰輕孰重、國家韌性究竟從何而來？乃至如何因應民粹主義興起和數位經濟時代來臨，幾乎都能從以人為本的發展思維找到解方或線索。

鄒總編輯知道我是個老派的人，而「老派的人需要用老派的方式對待」，講的就是我到現在還是喜歡自己的文章印在紙本上，因為那裡有美美的版面和天地線。這份品味看似懷舊，卻是帶領我繼續寫作的秘密動力來源。

第三份邀請則是好友央廣董事長賴秀如的敦促和預約。看過我前一本書《隱藏的說客》的朋友應該都會對秀如那篇生動活潑、惺惺相惜的推薦序印象深刻。

記得就在二〇二三年台北國際書展的新書發表會上，我跟大家說我這個資深異議份子，貌似溫和安靜（沉默之中自有千言萬語），但從小到大就喜歡對立思考。乍看之下就只是喜歡唱反調、高調，其實是想從中找到切入縫隙。坦白說那是我的生命跡象或活著的證據，但也深知這在我們這種講究表面和諧的社會並不討喜。

特別是在公平會擔任委員這些年來，更因法律授權「依法獨立行使職權」

加上任期保障，所以不只口頭發言「沉著痛快」，八年期間針對個案審理更是寫下無數書面意見。其中包括十二篇正式的「不同意見書」，另有十餘件補充意見置於委員會議的會議紀錄，都隨案公布在公平會官網。

乾脆下一本書就叫做「隱藏的刺客」好了，當時我開玩笑地說。沒想到人在現場的秀如很認真地回應我：應該是「不同意見書」才對吧！她後來還真的多次提醒我要動筆，為國人留下一份一位讀書人闖蕩公部門八年的珍貴見聞。

終究我還是沒有能耐把整本書寫成不同意見書，倒是以「公平會手札」為篇名，特別選了其中最有感和具有代表性的幾則案例和大家分享。大致可歸類成執法不足和過度執法這兩大類。

前者包括近年來我在會內會外不斷高聲疾呼的跨國科技巨擘治理議題（含競爭、數據隱私和消保法制的現代化），尤其是數位廣告市場所潛藏的競爭疑慮，更攸關本地廠商發展和消費者權益甚鉅，可惜公平會至今仍紋風不動。知我者應該不難看出，這裡講的其實是一則「無彩」（浪費）的故事。

另在超市、量販等大型零售通路的結合（併購）審查和後續監督，以及在公平會同意其結合申請，事業成功變大後對上游供應商是否濫用其市場力等問題上，更由於公平會的執法力道不足，已經累積不少民怨。

競爭法機關好好執法也能促進社會公平。這甚至遠比把上游供應商、更上游的中小企業和農民弄窮之後，再讓他們去尋求政府補貼還來得更徹底有效，也更接近以人為本思想的原旨。

過度執法的部分則選了屢屢被指控進行聯合行為的「同業公會」做為案例。我倒不敢說對這件事情的看法一定正確無誤，但藉由留下一份不同意見書，一方面表達對無差異執法的高度疑慮，另一方面也是反思，是否會因為我們的執法過當而傷害民間自治團體的功能與活力？

「天下真的有白吃的午餐」和「公平會不思議」這兩篇則嘗試交代我對政策的信念和在公部門的處世哲學，無非是對權力、知識和勇氣的思索、實踐和體驗。最重要的是，經由這些思辨和歷練過程更加認識自己。

如同我在很多地方都提過，公平會做為台灣第一個專業、獨立、合議機關，成立三十多年來在很多前輩、優秀文官和學者專家的努力和經營之下，不僅建制完備且擁有很多優良傳統。其獨立性和專業性更是值得護持和珍惜，因為這和台灣能否出現優質的競爭環境和商業文明密切相關。

最後一篇講行為經濟學的最新發展，包括其與AI人工智慧系出同源又相互影響、數位時代的資訊經濟學如何翻新內容，又如何透過行為科學看清當代社群媒體環伺中的隱私本質，以及為什麼注意力經濟和無聊、好奇心這些人類心理脫不了干係。有趣的是，我在書寫這篇文章的時候，發現西托夫斯基（Tibor Scitovsky，一九一〇年—二〇〇二年）在一九七六年出版的《無快樂的經濟》（*The Joyless Economy*）這本奇書，也在文中略加介紹。

西托夫斯基當年所提倡的消費和休閒技巧，對實際上早已擺脫物質匱乏但心理上卻仍在抗拒、防衛的台灣來說，或許正是一帖不錯的處方箋。近年來我一直在幫忙倡導遊戲人（Homo Ludens）這個概念，背後其實也有這層策略用意。說了那麼多大道理，什麼能動性、遊戲規則、公平意識、勇氣……，倒不如鼓勵大家去從事哪項單純好玩、過程即目的的遊戲更能直接且快速體會。

「遊戲是未來的線索。趁現在認真培育遊戲，或許是我們唯一的救贖。」舒茲（Bernard Suits，一九二五年—二〇〇七年）在其名著《蚱蜢：遊戲、生命與烏托邦》如此預言。期待哪一天，我們的社會真把遊戲和理性、生產製造視為同等重要。

最後來說說我自己很喜歡的一句成語：火中取栗。

火中取栗是法國詩人拉封登所創作，一則有關猴子與貓的寓言故事。敘述一隻狡猾的猴子騙貓從火中取出栗子，結果貓爪上的毛被火燒掉，而栗子卻全被猴子吃光（引自國家教育研究院）。另根據國語辭典的解釋，火中取栗的意思是為人作嫁，相反詞則是坐享其成。

但我覺得，即使寓言中的小貓是被騙，這個畫面仍然很美。想像小貓快速伸出貓爪探火取栗的模樣，燙呼呼然後一臉無辜。說不定，還是小貓自己願意做這樣的嘗試呢，因為牠覺得在劈哩啪啦、充滿溫度的火堆裡找東西很有趣。雖然帶點自虐，卻像極了思考和寫作。

本書的每一個段落都是有感時刻，每一篇文章都是有感而發。希望您會喜歡。

I

台灣經濟轉大人

一　從物質角度到以人為本

英國社會學家T．H．馬歇爾（Thomas Humphrey Marshall，一八九三年—一九八一年）在講述現代公民如何誕生時，根據歐洲從十八世紀以來的歷史經驗，把人類對自由的爭取和享有歸納成三大層次。依序為公民自由（人身尊嚴、思想言論、財產權等）、政治參與（選舉權等），以及獲得基本商品和服務（食物、衣服、住房、教育、健保等）的權利。前兩者大致可由民主來概括，最後一項則和社會經濟權有關。

台灣戰後發展至今，從威權走到民主，從貧困走到富裕，就馬歇爾所提示的這三項公民指標來看，台灣的表現可說相當亮眼。即便在政治、經濟和社會諸多領域，仍有不少地方尚待深化和優化，但終究因為民主還在，所以仍然擁有嘗試錯誤與持續改善的實驗機會。

仔細想想，能夠生活在一個自由民主且富足的國家，真的是一件非常幸福且被高度祝福的事。就經濟發展而言，接下來的問題是，我們應該如何看待或評價既有成就，並用何種思維來回應當前各種挑戰？特別是如何擺脫過去物質匱乏經驗所導致的思考與視野限制，讓經濟發展的目的、乃至手段，逐漸回到以人為本。

以人為本這個概念幾乎無所不在，特別是在教育、醫療、企業經營，甚至交通安全政策，都各有詮釋和應用，但在經濟領域究竟應該如何看待？

以人為本的發展思維

德裔英國經濟學家修馬赫（E. F. Schumacher，一九一一年—一九七七年）有一本名著《小即是美：彷彿把人當一回事的經濟學》，一九七三年出版。原書名*Small Is Beautiful: Economics as If People Mattered*用的是和事實相反的假設語氣，可推測作者並不認為主流經濟論述把人當一回事，所以必須有所改變。

修馬赫除了反對規模崇拜（大就是好）之外，更主張生態和社群利益應優先於企業利益，對資本主義的反思極為深刻。他所提倡的「在地購買」和「公平貿易」等理念，在全球各地都吸引了不少支持者，甚至引發跨國行動串連。

在修馬赫眼中，經濟活動的目標不應只是盡量生產更多的東西、過度消費，而是讓人在有限資源的限制下，求取更舒適的生活和更大的快樂，也就是人的全面發展。對修馬赫來說，發展是一漸進的過程，不是瞬間創造。而且，經濟發展不是由物質開始，而是始於人。資源、資本、基礎建設不足並不是最大的發展限制，重要的是人的教育、組織和紀律。有人說，修馬赫的經濟學非常佛系，但我覺得他對經濟發展的思維方式恰恰符合台灣當前所需。

一九九八年諾貝爾經濟學獎得主沈恩（Amartya Sen）更指出，經濟發展並不只是和所得、價格、生產有關，更在於積極增進人的實質自由。其內涵除了免於匱乏和飢荒、克服不安全感和差別待遇之外，更能夠進一步擁有過更充實人生的可能性。例如：參與經濟交易和政治活動的能力。

就經濟意義而言，自由可視為機會。發展過程即在減少各式各樣的不自由，尤指被排除於各種機會之外。重點在於，這些不自由會限制人們發揮「能動性」(agency)。

沈恩也認為經濟發展的核心應是人的發展，尤其是必須不停地提問，如何擴大人的自由和能力？這和傳統經濟學主要從物質面向切入，強調資源使用效率和效用滿足等視角迥然不同。除了擴大自由的內涵之外，此一發展視角也隱含新的責任意識。例如：如果真的要談永續發展，人們也應該做為未來世代福祉的守門員。

兩大成就：擺脫物質匱乏與跨越「中等所得陷阱」

本章接下來將回顧台灣從戰後到一九九〇年代的兩大經濟發展成就：擺

脫物質匱乏與跨越中等所得陷阱。然後談談自二十一世紀以來，台灣在面對中國經濟崛起和龐大的市場吸引力，何以一度幾乎失去經濟自信，最後藉由二〇一四年太陽花運動（反服貿）的洗禮，重新確認台灣主體性和經貿自主性。

要創造一個更美好的社會，一定要先克服資源匱乏的障礙。正因為台灣歷經這些艱辛過程並成功克服挑戰，為回歸以人為本的發展思維奠定物質基礎並留下餘裕空間。

以衡量國家經濟產能和人民生活水準最常用的人均GDP（國內生產毛額）為例，二〇二一年全球疫情肆虐來到高峰，但台灣拜高達六．四五％的經濟成長率之賜，人均GDP首度超過三萬美元。不僅超越韓國，更逼近日本（部分原因來自近年來日圓大幅貶值）。

放眼全球，目前人口超過兩千萬且人均GDP跨過三萬美元的國家，包括台灣在內，一共也才十一個。而且這裡提到的三萬美元是市場價值或所謂的「名目」數據，真要看出特定國家的經濟實力或人民經濟福祉，仍需考慮各國之間的物價水準或生活成本差異，亦即藉由「購買力平價」（purchasing power parity, PPP）來做調整。

為什麼要採用此種評估方法呢？其一，如果要做經濟福祉比較，應該參考消費者能享有商品或勞務的數量多寡；其二，各國物價水準不一，以致相同單位的貨幣購買力跟著不同，即使透過匯率轉為同一種貨幣（例如美元）來做比較也是如此。因此經由購買力平價調整過的數據，更能精準反映人民經濟福祉。

主要由於台灣的物價水準長年系統性偏低，相對於美歐日韓等國更是如此，這讓台灣的實際經濟規模或人民生活水準更加突出。行政院主計總處的國情報告資料顯示，若以二〇一七年為基準（全球平均物價水平為一〇〇），在一七六個國家或經濟體中，台灣的物價指數約為七七．五，排名第七十三位，低於美國（一五〇．〇）、日本（一四〇．九）、南韓（一一五．六）、新加坡（九六．二），但高於泰國（五六．八）。我國一般物價偏低的主因，是包括水電運輸等公用事業的服務費用，都是由政府補貼或人為管制，凍漲或緩漲由來已久。這部分也引發不少經濟治理問題，姑且不在話下。

不管如何，從各種數據來看，台灣都不能再說是個小國，甚至已晉身中等規模、已開發國家之林。更難能可貴的是，台灣除了擺脫貧窮，早從一九九〇年代就跨越「中等所得陷阱」(middle income trap)。目前國際標準把中等所得門檻訂在人均GDP大約一萬三千二百美元，超過即為高所得國家。

何以中等所得容易成為陷阱，擺脫不易？背後道理在於，除非一國產業轉型、產品升級獲得成功，否則由於生產活動必然受到「資本報酬遞減」鐵律的制約，即使投入再多機器設備（資本累積），生產力的提昇終將無以為繼。最後導致中等所得國家在成本優勢方面拚不過後進國家，生產技術優勢則比不上先進國家，卡在中間。說穿了就是初級工業化不難，而且模仿遠比創新來得輕鬆，許多國家因此容易在達到人均GDP一萬美元上下的「小康」狀態久久徘徊，彷彿踏入陷阱。

知名經濟學者陳添枝在其著作《越過中度所得陷阱的台灣經濟1990-2020》

中，對台灣戰後產業發展的歷程和挑戰、政府產業政策的功過，提出相當到位的觀察和評價。

他認為，從產業發展的角度來看，早年台灣之所以能脫貧，主要得利於活力旺盛的中小企業；近三十年來，台灣不僅大幅跨越中等所得陷阱，甚至邁向富裕之路，成長動能則來自資訊電子產業，特別是由台積電領軍的半導體（晶片）產業。

另外，在傳統產業部分，台灣除了提昇自身的技術，和合作夥伴關係也變得更加緊密。例如國內許多紡織服飾業，不同於過往單純代工，還進一步為知名領導品牌提供高級布料，成為另一個成功突圍的產業案例。

台灣無論是高科技或傳統產業，都頗能透過優異的跨國資源整合能力創造產品獨特性與附加價值。從早年的生產合作轉為創新合作，進而突破本身市場狹小和缺乏自有品牌這兩大限制，在在都是難能可貴的經驗。

當然，我們還有很多不能自滿的地方。例如服務業的生產力相對低落（效率問題），以及如何把經濟成長轉化成更多人的幸福（公平問題），而不只是停留在帳面上的好看數據，這些都有待加把勁。

一頁台灣經貿自主奮鬥史：從ECFA到太陽花運動

經過三年全球疫情的衝擊和近年來中國的轉變（對內日益集權、對外日益擴張），加上持續升溫中的美中科技戰，在在都讓世人重新反思經濟過度依賴特定國家的後遺症。無論是貿易、投資、金融或生產供應鏈，國家韌性和產業韌性不絕於耳，即使無法做到脫鉤，最起碼也必須降低風險。

在這種國際政經局勢劇烈動盪的背景下，犧牲部分經濟效率以換取國家安全，並避免因為政治與外交因素受到經濟脅迫，更一躍成為主流看法，如今稱作「貿易典範轉移」。這在全球化和新自由主義正值顛峰的本世紀初，應該是難以想像。

二〇〇二年，就在台灣緊接在中國之後，加入世界貿易組織（WTO）那一年，我在台灣經濟研究院國際處ＡＰＥＣ研究中心找到一份幕僚工作，負責「區域經濟整合」議題，包括從事雙邊或區域自由貿易協定（ＦＴＡ）研究。

當時的研究關懷重點大概有三個，直接或間接都跟中國有關。首先是經貿邊緣化問題，特別是在區域主義盛行下，各國多在洽簽雙邊或區域自由貿易協定，台灣則由於中國杯葛而參與無門（中國因素）；其次是全球化方酣，產生的跨國生產分工現象（即大量中間產品貿易）；最後則是中國經濟崛起，台商從傳統產業到高科技產業，大舉西進所引發的投資和貿易「不對稱依賴」後遺症。

在那段民進黨執政期間（二〇〇〇年—二〇〇八年），中國經濟成長大爆發，每年平均經濟成長率來到十%（不過，二〇一〇年—二〇一九年平均降至約七%，二〇二〇年起大概只剩四到五%）。根據「70定律」此一數學經驗法則，這意謂著中國經濟規模每七年（70／10）就會倍增（如果是負成長則減半）。

不難想像其間的商機和市場誘惑之大，以及政府基於台灣整體利益扮演控管與平衡角色之不討喜。包括一九九〇年代中期李登輝總統的「戒急用忍」，到陳水扁總統的兩岸經貿政策依違在「開放與管理」之間，莫不如此。這些大環境因素也共同解釋了二〇〇八年台灣發生第二次政黨輪替，由馬英九和蕭萬長當選正副總統。

馬政府執政後，秉持「台灣必須靠中國走向世界」的「一中市場」信念，陸續推出開放中資來台（二〇〇九年）、「兩岸經濟合作架構協議」（ＥＣＦＡ，二〇一〇年），以及後續的「服務貿易協議」（二〇一三年）等協議。由於兩岸經濟規模懸殊、經濟發展程度和政經體制差異甚大，加上兩岸經濟整合與政治統一的陰影揮之不去，適當的監督程序更是付之闕如，讓原本單純的貿易協議在台灣內部引發高度爭議與焦慮。二〇一四年三月十八日爆發「太陽花運動」，可說事出有因。

仔細想想，這場運動對台灣的產業發展、人民生計，甚至國家安全各層面，影響都極為深遠。台灣經濟的自主與自信，更從此獲得確保。最後，且用一則出自十九世紀美國小說《小婦人》的笑話，來總結我對這件事情的看法：

醫生問：「最近身體如何呢？」

「好多了」，女主角回答。

「為什麼呢？」

「因為忘了服用您開的藥。」

二　突破隧道視野　回歸以人為本的經濟發展思維

台灣經濟發展至今，雖已擺脫物質匱乏的限制，但過往的匱乏經驗可能對社會造成陰影，其中以只重視產值數字的隧道視野最明顯。未來應更有意識地回到以人為本的發展思維，並充分體現在各種經濟政策。如果千頭萬緒不知從哪裡開始，以亞當・斯密（Adam Smith，一七二三年－一七九〇年）為代表的古典經濟學，以及近代羅爾斯（John Rawls，一九二一年－二〇〇二年）的倫理判斷準則，應該都可以幫得上忙。

亞當・斯密的人本思考歷久彌新

古典經濟學有其道德基礎，而且充滿人道主義精神，其思想的共同始祖則是經濟學之父，啟蒙時代蘇格蘭哲學家和經濟學家亞當・斯密。

亞當・斯密一生留下兩本影響後世極為深遠的著作。一本是一七五九年出版的《道德情操論》，談的是倫理學；另一本則是一七七六問世，大家所熟知的《國富論》，詳細書名則是「國民財富的本質和原因的研究」。

為什麼尊稱亞當・斯密為經濟學之父？主要原因是當代經濟學很多重要的學說和概念都可以從亞當・斯密的著作中找到線索，宛如一座思想匯流水庫，既有注入也流出。包括價格與所得、富裕的衡量、勞動分工與工資形成、資本累積與經濟發展、貿易利益，乃至晚近的行為經濟學等等，不一而足。

在所有的經濟活動當中，以勞動市場和人的關係最密切，更是當代公共政策的重要核心之一。且來聽聽亞當・斯密怎麼說。

亞當・斯密在《國富論》就曾提到：「供應全體國民衣食住的勞工對自己的勞動產品，得以分享一份能給自己相當的衣食住，不過是公平（equity）而已」、「反對這事就是反對一國的繁榮與幸福，也是反對公平。」

至於何謂公平公正？亞當・斯密認為，人除了利己心之外，另有利他心與公平公正意識。公正的核心精神在於阻止侵害他人的利益，允為社會生活不可少的支柱。這部分請詳張漢裕（一九一三年—一九九八年）《西洋經濟思想史概要》。

亞當・斯密並舉例，由於雇主們相對於勞工擁有很多先天上的優勢，包括彼此很容易互通訊息等等，所以「如果國家在法規政策上總是（always）傾向挺勞工，但偶爾（sometimes）也支持一下老闆，算是符合公平正義」。這個脈絡下的「總是」和「偶爾」，同時具備立場和彈性，用詞可謂精妙。

另外，「有人敲鐵、有人磨針，而不是一個人負責所有的工序」，亞當・斯密的別針工廠，向來是經濟學教科書的著名案例，用來說明何以勞動分工將大幅度提昇生產力並創造財富。這段話的深層意義是：如果存在「有人敲鐵、有人磨針」和「一個人負責所有的工序」這兩種可運用的資源運用模式，意味著國家可透過政策選擇來創造財富。

但比較少人知道的是，亞當．斯密更據以主張，政府應出面支付或提供公共教育。

亞當．斯密觀察到，分工細微固然會產生經濟效益，但由於必須要有人去執行這些「單調乏味」的任務，以致出現「厭惡工作和才智消磨」等負面效應。「過度分工會使人變笨——而且人性中較高貴的部分會因此遭到遺忘」（後來馬克斯將這個概念發展成勞動者和勞動成果疏離），一般人對《國富論》的著名針工廠譬喻，只記得專業分工的好處，但亞當．斯密的思考遠遠不僅於此。

亞當．斯密極力主張在發展經濟的同時推廣教育，因為教育除了為個人帶來「學習的驚奇」之外，也會為國家社會帶來繁榮。更重要的是，為了彌補上述過度分工的後遺症，他建議大部分的教育費用應該還是由國家來負擔。

大家可能會很好奇，何以亞當．斯密在一七七六年的經濟論述，無論是在談經濟發展、勞資關係或教育，至今仍歷久彌新。我覺得秘密無他，就是把視角從經濟產值等冷冰冰的數據，拉回到人的身上。

卡萊爾和經濟學本來面目

熟悉李登輝前總統思想養成背景的人，大概都知道青年李登輝受到《衣裳哲學》這本書很大的影響，從「永遠的否定」（Everlasting No）走到「永遠的肯定」（Everlasting Yes）這幾句話，更時常出現在他的文章或演講中。這本書的作者就是十九世紀英國歷史學家卡萊爾（Thomas Carlyle，一七九五年－一八八一年）。

另外，經濟學有個綽號叫「憂鬱的科學」（dismal science），更是出自卡萊爾筆下。

「金錢支付不應該是人和人連結的唯一方式」、「（經濟學是）一種被上帝遺忘、討論利潤與虧損的野蠻哲學」、「(經濟學)將對忠誠、榮譽、義務等傳統價值造成重大威脅」,看來卡萊爾對當時逐漸冒出頭的經濟學頗不以為然。

不過,卡萊爾之所以如此大酸經濟學,據說真正的動機並不是出於多麼高貴的情操,而是因為遷怒。當年卡萊爾力主恢復奴隸買賣制度,以善用非洲當地豐沛的人力資源,但遍尋經濟學理(那個時候叫做政治經濟學)卻找不到任何支持說法。

相對於卡萊爾,與他同時代的古典經濟學者,包括彌爾(J. S. Mill,一八〇六年—一八七三年)等人,基於人應該被平等看待並擁有自由意志的理念,對卡萊爾的主張大加撻伐。可見早年的經濟學,的確曾站在弱勢和進步價值的一方。

話說回來,雖然現在仍不時有人把經濟學和憂鬱的科學相提並論,但用法早已和卡萊爾當初的埋怨大不相同。現在如果提到經濟學是門憂鬱的科學,主要是要說明一項事實:經濟學的使命(宿命)就是和資源匱乏或「稀缺性」

（scarcity）奮戰、周旋，所以免不了必須做出選擇和取捨。亦即魚與熊掌往往不能兼得，經濟現實並不是童話故事。

由邊沁提倡，經彌爾修正補充的「效用主義」（Utilitarianism），後來成為經濟學衡量福祉和判斷政策的重要準則。邊沁眼中的「效用」是一種「流動的幸福」。主要因為效用主義的衡量標準大抵只看結果、不問動機和過程，並以經濟價值為標準來決定倫理價值，所以另有功利主義之稱。

這在道德哲學的光譜上，剛好和康德「即使天塌下來也要做好事」，用義務（為所當為）而非結果好壞來評判行為對錯的主張截然對立。

效用主義的首要原則在於謀取「最大多數人的最大幸福」，在當時的英國社會，更隱含把所有的貴族和平民都一視同仁，堪稱前衛。效用主義並非毫無爭議，但在協助公共政策判斷上卻非常實用。沒有熱情和信念固然走不遠，但完全不考慮代價和後果的主張，往往也會帶來災難。

在眾多政策評判準則當中，美國哲學家羅爾斯的「弱勢者利益最大化原則」

（maximin principle）最深得我心。羅爾斯主張，唯有社會最底層、最弱勢階級的福祉獲得改善，整體社會福祉才能視為有所提昇。換言之，只有在中下階層的利益被優先考慮之後，社會才能容忍任何經濟不平等。

羅爾斯的倫理判斷準則和重視經濟成長的論述相容，因為有了經濟成長才更有資源照顧弱勢族群。特別是近來在國際間頗為流行的「包容式成長模式」，其政策理念更是以直接解決貧窮問題和處理不安這兩大關切為先，核心精神和羅爾斯的正義論主張可說不謀而合。

行為經濟學家穆蘭納珊（Sendhil Mullainathan）等人在《匱乏經濟學》一書中指出，物質和時間的匱乏會盤據人的心思，固然帶來專注紅利，但也容易因此陷入隧道視野，從此視覺範圍變得狹隘，以致忽略甚至完全看不到外面事物，最後喪失周邊視野的認知能力，並對未來缺乏想像力。

台灣經濟發展的成就有目共睹，但也不能小看過去的匱乏經驗所導致的後遺症。包括容許失敗的空間非常狹小、不看重打基礎的工作，即使人民平均所得早已跨越中所得陷阱，大家仍習慣把拚經濟（成長）掛在嘴邊，而社會經濟結構的多元與豐富鮮少成為正式議程和努力目標。

改變可以從這裡開始：將以人為本的發展思維充分體現在各種經濟政策。例如：提昇勞動者的集體議價能力和薪資水準；講到產業政策，應強調如何賦予或擴大人的能力，把視角從物質、產值轉移到人的身上；除了持續發展高科技之外，也應致力於縮小高科技和傳統產業之間的差距；以在地、社會需求為師，善加利用上天給台灣的條件和考驗；重視經濟治理（governance）與管制（regulation），尤其是競爭法機關的角色，充分發揮國家規範市場的力量。

以人為本的經濟政策如何可能？

另就產業政策的角度，國家大力發展高科技這件事，可說舉世皆然。但仔細想想，構成整個經濟社會向上提昇的瓶頸，往往不是高科技產業不夠創新，而是傳統產業的進步有限。例如：很多小型的個人服務業或自動化速度相對較慢的傳產。

拿當前正夯的人工智慧做為例子。如何讓這些技術擴散、外溢到傳統部門，亦即縮小高科技和傳統產業之間的技術與生產力差距，避免經濟兩極化，往往更能夠普遍提昇人民的生活水準。而技術進步的利益，也比較不會限縮在特定部門或歸於少數人所有。

美國經濟學家鮑莫爾（William J. Baumol，一九二二年—二〇一七年）在一九六〇年代所發表的論文中曾以舞台藝術為例，發現無論是貝多芬的弦樂四重奏所需的演奏人數，或是戲劇演員的人數和演出內容，數百年來幾乎都沒有發生變化，因此該行業的生產力增長為零。然而，隨著時代變化工資不斷提高，藝術行業的人力成本也同步增加。

引伸而言，如果消費者對生產力相對落後的部門依舊有需求，但由於這些產品或服務的成本較高，以致單位價格相對於高科技等創新產品也較高，最後反而佔據更多的GDP份額。著名的「鮑莫爾成本病」（Baumol's Cost Disease）

或「鮑莫爾效應」，講的就是這種生產力相對落後的部門在經濟活動中卻扮演更重要角色的矛盾現象。

經濟學的兩部門（two-sector）或雙元思考模式非常具有威力，從中可做很多學理辯證和政策推衍。甚至，也能藉以呈現經濟思維的雙面性。

以鮑莫爾成本病為例，雖然描述的是一種病，卻同時也能有積極面作為。隱含政府如果對這些傳統部門投入更多的資源，透過訓練、公共服務等措施來提高他們的生產力，不僅在經濟上划算，而且符合社會公平理念。

台灣如果想要更上一層樓，不讓過往的物質匱乏經驗限制政策想像，甚至陷入隧道視野，我們對經濟發展的目的和手段，確實都已到了全面反省深思的時刻。

專欄一

● 亞當．斯密的經濟思想速讀

亞當．斯密能夠成為現代經濟學之父，除了思想淵博之外，另一個重要原因應該和他著重演繹法的方法論有關。演繹法的特色是從前提出發，亦即「從普遍到特殊」，這和「從特殊到普遍」得到結論的歸納法剛好互補，兩者都是科學進步和人文思辨的利器。

亞當．斯密和他許多同時期的學者一樣，都受到早一世代的兩位大師影響，一位是物理學家牛頓，另一位則是哲學家洛克。牛頓的「數學原理」被比喻為一個由幾個簡單力量所推動的精密儀器，此後的學者也群起效法，希望能在人類行為和社會組織中找到相同的規律，而這些方法論顯然都跟演繹法有關。

至於洛克的天賦人權說，除了主張政府的統治權力必須得到被統治者的同意之外，更強調在社會中最重要的是個人的權利。美國獨立宣言起草人傑佛遜甚至引伸洛克的理論，高舉每個人皆有天賦的「生命、自由和追求幸福的權利」這個原則。

亞當．斯密《道德情操論》的兩大演繹前提是熱情（passions）和內心公正的旁觀者（impartial spectator）。前者包括人類行為的驅動力（飢餓和性慾）、情緒（恐懼和憤怒）和感受（喜悅和痛苦），以及同情心。

由於熱情往往起伏不定、不甚可靠，所以需要內心公正的旁觀者扮演節制者的角色，例如以長遠利益考量來克服短期滿足需要，內心公正的旁觀者更代表著自制力。

另就社會角度來看，這位心中「公正的旁觀者」則成為良心和公平意識的化身，有時候甚至還必須「自我否定」。這和現代心理學講的「雙重歷程」（dual process），描述思維如何來自兩種不同歷程相互激盪的結果，極為神似。

至於《國富論》的演繹前提更是家喻戶曉，即每個人的「利己心」（self-interest）。所謂利己心是指個人想要改善自己境遇的一種天性（向上心），所有個體以利己心為動機，而從事經濟行為，例如分工和交易。個人的行為動機雖然如此，可是就行為的結果來說，不但有利於自己，且有利於公益和社會，好像有一隻看不見的手在做引導。

赫緒曼（Albert O. Hirschman，一九一五年—二〇一二年）曾經把亞當．斯密這種私利公益調和論，當成「非預期結果」（unintended consequences）的案例。

一般來說，self-interest多被翻譯成「自利」，而且強調物質利益層面。但我覺得張漢裕先生針對利己心的翻譯和詮釋，比較傳神和開闊，更貼近人本思想。

以上內容主要取材自張漢裕《西洋經濟思想史概要》，以及西爾克（Leonard Silk，一九一八年—一九九五年）所著、楊懷康翻譯的《通俗經濟學》（由今日世界出版社發行）。

三　尋找幸福經濟學　什麼是包容式經濟成長？

讓青年人有安全感，老年人有希望。

——德國政黨競選廣告

人人都嚮往自由、公平且富裕的所謂好社會，但由於社會成員的觀點不同，對政治體制的信賴度更是存在差異，打造好社會的藍圖和達成途徑也會跟著不一樣。

二〇二四年美國經濟學者阿加瓦爾（Ruchir Agarwal）在國際貨幣基金（IMF）旗下刊物《金融與發展》發表一篇文章，題目為〈什麼是包容式成長？〉（*What Is Inclusive Growth?*）。他在文章中，談論這個近年來頗受歡迎的成長模式具有哪些重要特徵，也提到各國政府在面對成長和分配孰輕孰重這個古老問題時，不外乎抱持新自由主義、包容式成長與直球對決經濟不平等這三種態度。

「念念不忘，必有迴響」，本文主要循阿加瓦爾的討論架構並略抒己見，希望有助於看清楚晚近政策思潮的走向和面貌，同時尋求創意解方。

新自由主義的城堡

第一種是保守穩健且歷久不衰的新自由主義。其背後理念在於私人生活是個城堡，只應受到最低限度的干預，同時相信只要讓市場機制發揮作用，必然就會獲得生產力提昇、工資成長，以及普遍共享的繁榮等良好結果。

換句話說，經濟成長之後，好處就會自動外溢給其他社會成員，所以政府全力拚經濟成長即可。新自由主義的思考模式隱含分配面或經濟不平等問題

（尤指所得、財富和發展機會）毋須特別著墨，也就是大家常聽到的「涓滴式」（trickling down）經濟成長思維。

從社會經濟體制來說，新自由主義看似無情，但也不盡然如此。台語有一句俗語：「大樹必有孤枝、大國必有孤兒」，引伸而言是指，假使有人因為失業或個人不幸導致生活陷入困頓，即使是信奉新自由主義的人，多半也會同意國家應基於人道考慮出面救援，像是透過社會救濟制度來維繫這些人的起碼生存水平。

然而，新自由主義所承諾的玫瑰花園並沒有實現。無論是源於全球化或科技進步，更激烈的市場競爭、更多的經濟效率，經濟成長的果實並未能雨露均霑，如新自由主義所預期那般。所得和財富分配不均日益惡化更成為全球普遍現象。法國經濟學家皮凱提的鉅著《二十一世紀資本論》，主要即在批判新自由主義此一空泛承諾。

對於不夠重視分配面的批評，新自由主義陣營倒是有個辯解頗具說服力。

從總體經濟的角度來看，如果專注成長的政策可以讓經濟體系的潛在產能火力全開，甚至達到充分就業，那麼也等同有效降低所得分配不均。畢竟失業本身或低度就業就是一種經濟不平等的形式，對不少人而言其傷害程度甚至遠遠超過低薪問題。

從歷史發展的角度來看，自由主義此一思想家族最被稱道的地方，在於對抗並解放來自宗教禁錮與政治壓迫等外加限制。就經濟社會政策的層次而言，新自由主義特別重視程序面是否公平，對所得或財富分配的結果則敬表尊重，以致比較欠缺改變分配現狀的企圖和實質作為，遑論觸及隱身其後的整體結構問題。

包容式成長思維

第二種則是從二〇〇七到二〇〇八年全球金融危機（又稱經濟大衰退）之後，大為風行的包容式成長。包括世界銀行和經濟合作暨發展組織（OECD）

在內，許多重要國際經貿組織都逐漸揚棄過去獨尊的新自由主義思維，轉而承認經濟不平等問題確實存在，不僅會影響長遠經濟成長的動能，對自由民主體制的穩定也將造成傷害。更重要的是，國家有能力也有責任加以處理。

包容式成長的核心精神，除了強調實質機會均等（獎勵努力、才能而非出生背景），以及打造自由公平的競爭環境之外（以上無異於新自由主義），更強烈主張公部門應透過政策和立法，優先改善社會中下階層的福祉。亦即讓更多人分享經濟成長果實這件事正式成為政策目標，而不僅僅是口號宣示而已。

紮紮實實的階層利益才是國家發展最重要的基礎，更是民主體制下選民投票支持最有力的保證。

而晚近各國政府對經濟成長和如何分配的態度從唯成長、唯效率的新自由主義逐漸走向包容式成長，其間轉變或許部分也可以從經濟學找到合理解釋。

例如，對平等此一價值的需求有如經濟學理論中的奢侈品（luxury good），像是鑽石或魚子醬。當人們的所得不高時，通常消費不起奢侈品；然而當所得提高，對該項商品的需求就會增加，而且增加幅度將會超過所得增加幅度，最後導致家庭在這方面的支出佔所得比例跟著提高。其中的寓意是：在經濟成長後，社會對平等的偏好和需求，理論上也將隨之提昇。

這個概念也是十九世紀普魯士經濟學家恩格爾（Ernst Engel，一八二一年—一八九六年）最早的研究與發現，一般被稱為「恩格爾法則」。在這個法則裡，相對於奢侈品的商品是必需品（necessities），而必需品是指無論消費者所得水準如何，需求變化都不大的商品，所以家庭對必需品的支出佔所得比例，將隨著所得提高而下降。

另外，金錢不能買到幸福，古有明訓。但如以經濟學的術語來講，人們的福祉和快樂程度，固然和所得、財富等指標高度正相關。但由於兩者本質上並不相同，前者為主觀感受，後者則是客觀數據，所以他們的關係仍有待檢驗。

一般而言，所得和財富帶給人們的滿足水準，將會在所得和財富到達一定階段之後，開始遞減或愈來愈有限。換個說法，同樣是得到新台幣十萬元，對有錢人來說可能不算什麼，但對窮人家就是一筆大收入。

至於所得到達多少，才會開始讓人覺得快樂或幸福的提昇已經不再像過去那麼明顯？根據英國經濟學人雜誌的評估，這個門檻將落在人均GDP達到一萬五千美元（購買力平價，已考慮各國物價水準不一的因素）。不過這是二〇一〇年的數據，目前應至少需要兩萬美元。台灣的經濟發展既然早已超過此一門檻，應有餘裕來重新校準經濟發展目的和政策工具。

一九七四年，美國經濟學者伊斯特林（Richard Easterlin，一九二六年—二〇二四年）發表一篇名為〈經濟成長是否改善人類境遇？〉（*Does Economic Growth Improve the Human Lot?*）的文章，首開幸福經濟學的研究先河。晚近這方面的頂尖追隨者，則以英國經濟學家理查・萊亞德（Richard Layard）最知名也最活躍。萊亞德不僅透過著作不遺餘力闡釋快樂經濟學，更長期擔任聯合國等國際組織的政策顧問。

聯合國從二〇一二年開始，每年公布「世界幸福報告」，衡量標準遍及人均所得、社會支持體系、健康、自由、慷慨（慈善捐助）、貪污腐化認知（嚴重程度）。二〇一八年起，聯合國針對如何改善政府治理與運用公共政策來促進人民幸福，更特別發行「世界幸福和政策報告」。

萊亞德主張「快樂（幸福）經濟學是一門新興科學」，應融合經濟學、心理學、神經科學、社會學及哲學等學門加以研究，為失業、所得分配、交通運輸等人本關懷，提供更清晰的科學證據和公共政策處方。

觀察現實人生，這項理論預測也多半被驗證支持。人在過了溫飽階段之後，隨著所得愈高、財富愈多，確實未必能感受到幸福。特別是人類終其一生不時都在和單調乏味、無趣無聊對抗，即使擁有再多金錢乃至成就，當目的達到滿足之後，通常也會開始感到失落。

這種有錢之後還打哈欠的矛盾現象，世人常以人在福中不知福來挖苦。但從經濟觀點來看，很可能就是受到效用遞減法則的制約。總之，提昇福祉或幸福才是目的，提昇所得或財富只是手段。

以上這些大概就是幸福經濟學的主要關懷所在，也和包容式成長的信念高度契合。

包容式成長最具體的目標就是對抗貧窮，亦即優先處理人們的「經濟不安」（insecurity），同時降低人民福祉的不平等。對政府施政的目的來說，這遠比降低所得或財富不平等來得更直接，也更能獲得廣泛支持。包容式成長的另一個面向則是對未來世代的關懷，唯尚不及於人類之外其他物種。

有趣的是，由於包容式成長強調中下階層的經濟參與機會和福利增加（絕對值概念），但理論上卻也可能擴大所得或財富分配不均（相對值概念）。端看實際政策的設計和執行，是否讓中下弱勢者得到好處的多寡，大過富裕階級而定。畢竟，雖號稱包容式成長，但對成長的需要仍可能居於關鍵地位。

直球對決經濟不平等

如何看待經濟成長和經濟不平等爭議？第三種立場則是直球對決經濟不平

等。其中租稅政策尤為問題核心，亦即租稅由誰負擔、如何負擔；另外則是政府支出計畫讓誰受惠。但由於這些問題都直接涉及所得或財富重分配，很難有一勞永逸的解方。

為什麼即使是在民主體制之下，從事所得重分配不是一件易事呢？「面對金錢的時候，我們都是同一黨的」。法國啟蒙時代思想大師伏爾泰早有答案。

相對來說，直球對決經濟不平等算是最進步的立場，但如果推到極致，則可能演變成更激進的仇富情緒和階級對立。馬克斯曾說，所謂激進的意思就是從根部解決問題。不管如何，做此主張的人認為，財富集中等於經濟力或政治力集中，也意味著很多人的經濟參與機會被排除、經濟利益被剝奪，更是社會不和諧和政治不穩定的根源。事實上，此一論述也相當具有說服力。

另外，真正的國家安全繫於多數人民願意為他們所珍惜的生活方式而戰。社會公平也是重要的價值理念。亦即資源分配不均必須控制在一定範圍，否則再崇高的共同理想和利益，恐怕都不敵荷包瘦肥不一所引發人心不平的嚴峻考驗，到了危機時刻也就沒有真正的國家安全可言。

然而，加拿大認知心理學家史蒂芬．平克（Steven Pinker）和美國經濟學家泰勒．科文（Tyler Cowen）這兩個學術界大咖卻另有一番見地。他們雙雙認為，國家應把政策目標多放在解決貧窮問題或照顧弱勢上面，而不是經濟不平等。理由在於真正為人們帶來痛苦的正是貧窮，而不是所得或財富分配不均。

詳言之，是絕對值（我家的實際消費數量）而非相對值（隔壁鄰居的消費多寡）在決定真正的福利水準。其實，社會科學界對「絕對與相對孰輕孰重的問題」所累積的論述已經相當豐富。早年有來自社會學的貢獻，講一個人可以有多個社會角色，但只能有一個社會地位；晚近行為經濟學更有「人對於變化遠比狀態更敏感」的觀察和實驗，乃至演化經濟學探討「個人利益和群體利益的矛盾」，說法還真不少。

話說回來，不管贊不贊成平克和科文的立論，恐怕也不得不佩服他們兩位的誠實和勇氣。

● 經濟學笑話一則

請問如何區別經濟衰退（recession）和蕭條（depression）？當你的鄰居們失業就是經濟衰退，如果是你自己失業就是蕭條。

這三種應對分配問題的經濟發展模式，各有千秋和擁護者，且由於各國情況與條件差別甚大，通常也都會做政策混搭，不會全有或無。特別是在台灣這種不喜談論左右的政策環境，包容式成長理念既能兼顧成長與弱勢關懷，又能凸顯當代經濟不安的議題，應會得到最大的支持。

雖然包容式成長在國際間已經談了十幾年，但此時此刻台灣還是可以多多提倡，且可以聚焦三大面向。

首先是反貧窮或減少貧窮人口，而且是強調經濟參與的反貧窮策略。例如有意識擴大社會經濟事業（如社會企業）和合作經濟領域。

其次，我認為市場遊戲規則是否公平非常重要。這裡尤指包括競爭法機關在內的管制機關，是否與能否扮演公正角色並有效執法，讓市場的運作為人民而存在。這種從上游就開始有意識地注入公平意識的作法，有時候可能會比在下游從事補貼、救濟，更來得根本、有效和尊嚴。

最後則是必須想辦法改善台灣長期的薪資停滯現象，特別是近來日益明顯的勞動份額（全體勞工總薪資佔國民所得之比例）低落問題。

台灣勞動份額已落後南韓

從二〇〇二年開始，台灣整體生產力和實質薪資的走勢，彼此逐漸乖離。一方面生產力持續且穩定增長，大致可用每年平均有三％到四％的經濟成長率（即實質ＧＤＰ的變化）做為代表；另一方面，不少行業的實質薪資卻長期出現停滯。台灣這段期間的名目薪資每年平均成長為一％到二％，但扣除每年大約一％的通貨膨脹之後，可說所剩無幾。

這隱含很多勞工的貢獻、價值和薪資待遇都被嚴重低估，以致大部分的所得都流向企業或資本主手中。如何透過制度改革，有效提昇勞動者的集體議價能力和薪資水準，讓經濟成長的好處雨露均霑應是釜底抽薪之計。

二戰之後，台灣和南韓的經濟發展模式，常被拿來做對比。台灣長於中小企業，南韓則是財閥主導的大企業掛帥，一般認為台灣經濟發展模式比較平衡、所得和財富分配比較平均。但現在我們還能如此自豪嗎？

根據中央銀行二〇二四年的薪資分析報告，從二〇一五年到二〇二二年，台灣的平均經濟成長率雖然領先美日韓各國，但勞動份額指標卻從二〇一九年的四六％滑落到二〇二二年的四四．二％，遠不如這些國家的數據，更大幅落後南韓在這兩年穩穩的五二％。

這是個相當嚴重的警訊。隱含我們的企業大多賺錢，但分配給勞工的報酬卻沒有同步且等幅跟上。日久之後，勞工必然心生怨懟。

以提高勞動薪資報酬為例，做為經濟學者的我自然深知這很不容易。因為薪資水準基本上乃由生產力、集體議價能力（和勞動法制、資本與勞動的相對流動性有關）和個別產業特性共同決定，更受到全球化、自動化、派遣（境內委外生產或服務）等長期趨勢的影響。甚至，一旦人為設定過高，很可能會引發失業，衍生更大問題。

即便如此，如果不甘願袖手旁觀或落入虛無主義，公部門還是可以做點什麼。以日本為例，為了拚全民薪資提高，政府除了直接追加預算，補助中小企業為員工加薪之外；近年來甚至連其競爭法機關（即公平會）也被動員，端出「合理轉嫁勞動成本之價格協商指引」，提高中小企業在面對大企業時的議價能力和利潤，進而解決中小企業無力為員工加薪的困境。在多少帶有幾分民粹的年代，這種態度無比重要。

經濟發展真正關鍵的問題在於人民的福祉，不在於表面上的經濟成長數據！但雪中送炭的邊際效用遠比錦上添花來得大，無論是就人民福祉或選票來看，都是鐵律。

四　國家韌性從何而來？來自蘑菇的啟示

即使知道明天世界就要毀滅，今天我仍要種下一棵蘋果樹。

——德國宗教改革家 馬丁路德（Martin Luther，一四八三年—一五四六年）

國家經營如果不想落入「唯GDP」主義的框架，通常會把永續發展列為重要目標，特別是加入環境品質（氣候變遷）和社會人文視角做為衡量指標。近年來則由於國際間出現許多突如其來的重大公衛事件和地緣政治衝突，例如肆虐全球三年方休的新冠肺炎、俄烏戰爭，乃至美中貿易戰和科技戰，使得全球化浪潮下「唯效率」的生產、投資和貿易模式，紛紛面臨重大考驗。如何確保重要物資供應無虞（生產供應鏈），甚至維持關鍵產業或敏感技術高度自主等安全考量，更因此浮出檯面，堪稱貿易典範的轉移。

一般而言，國家社會如何吸納、緩和這些外在環境衝擊，或強化回應與復原能力，就是目前正熱的「韌性」（resilience）議題。簡單來說，就是當國家、社會和經濟面臨巨大動盪時，還能夠繼續維持正常運作。

韌性在心理學上原指受苦的人如何走出困境與低潮的能力，例如尋找支持、冷靜和自信等特質；在機械工程領域則是如何避免全面性「當機」，更重要的是一旦發生危機如何加以挽救。

日本「社會5.0」計畫強調以人為本和國家韌性

國際間最早闡釋韌性此一政策概念的政治領袖，應是日本前總理大臣安倍晉三。二〇一四年五月，日本為了慶祝加入經濟合作暨發展組織（OECD）

五十週年，特別在巴黎ＯＥＣＤ總部部長級會議期間主辦一場研討會，主題就是如何建立「韌性經濟體與包容性社會」（Resilient Economies and Inclusive Societies）。在二〇一二年再度出任總理大臣的安倍，在會中發表演說，內容主要觸及經貿協定和區域安全合作、自動化生產與地方創生等政策主軸。而這些也都跟日本對外尋求聯防中國崛起，對內因應人口老化和數位化經濟時代的來臨有關。

雄才大略的安倍對內政策以經濟三箭（積極的貨幣政策、財政政策與結構改革）最為世人所熟知，另外為了善用ＡＩ人工智慧和數位技術並及早因應相關社會衝擊，他更在二〇一六年提出「社會5.0」做為重要科技政策，同時更是國家發展戰略。

人類發展的進程依序為狩獵社會、農耕社會、工業社會、資訊社會，日本政府則喊出「社會5.0」。亦即透過以人為本、知識密集和大數據驅動的科技發展，結合虛擬世界和實體世界，打造「超智慧社會」，其核心精神就是強調經濟和科技的運用必須優先解決人類的社會課題。對照美國盼望「復興製造業」，德國主打「工業4.0」，中國則有「中國製造2025」，看來日本的「社會5.0」理念最貼近庶民需求，同時也強調國家或社會韌性就在其中。

由於環境危機、地緣政治衝突已逐漸成為常態，在政策場域已出現近三十年的韌性概念，如今更成為各國政府施政與國際合作的目標，而且涵蓋金融、資安、國家基礎設施領域，應用極廣。這也反映出當前世界局勢變化之劇烈，以及許多跨領域複合問題之嚴峻。

有此一說，集權國家也很有韌性。特別是那些因政治運動和社會革命成功而產生的政權，例如早年的納粹德國和現在的中國和伊朗。主要因為這些國家透過政治運動和社會革命，讓原本內部享有獨立自主的民間力量（經濟、社會組織）被摧毀殆盡，革命陣營的勢力因此得以毫不費力地滲透與掌握各個社會階層並鞏固革命政權。

不過，顯然有人對這種說法不以為然。被譽為當代最閃亮的思想家和認知心理學家之一的史蒂芬・平克就堅決相信，由於自由民主體制擁有內建的「資訊回饋機制和自我修復功能」，相較於集權專制國家仍具有優勢。

韌性不應該只是形容詞

童話故事裡不乏韌性勵志的人物，其中以灰姑娘最具代表性。我猜原因可能無他，只因灰姑娘噙著眼淚時還能夠吃得下飯。即便有那一班午夜南瓜馬車的到來，也是堅持過後才有的幸運。

二〇二二年，普丁揮軍烏克蘭，烏克蘭軍隊浴血抵抗，人民蒙受極大的生命財產損失和痛苦。由於戰況膠著，國際情勢瞬息萬變，烏克蘭一直到現在仍命運未卜。即使如此，除了總統澤倫斯基的個人表現可圈可點之外，烏克蘭人的整體奮鬥意志更是教人印象深刻。

以烏克蘭脫口秀（單口喜劇）演員安東・季莫申科（Anton Tymoshenko）為例，他竟然把一個臨時搭建的防空洞變成了一個脫口秀俱樂部，不僅為烏克蘭軍隊籌集資金，同時也試圖在闇黑的地窖中用笑聲來撫慰戰爭帶給人們的創傷。什麼是韌性？這就是韌性吧。

話說回來，且莫忘記動物行為學家們的警告：不會感到恐懼的動物很快就會滅亡，但成天活在恐懼下、惶惶不可終日的生物，很快也會流失能量，並容易因為減少社群連結而失去活力和發展機會。海明威有一名句：「壓力下的優雅」(grace under pressure)，用以形容鬥牛士面對生命危險時的英姿和勇氣，其境界教人嚮往

總之，千萬不要讓韌性或堅韌只成為形容詞。應進一步發展成適合台灣情況並可操作、執行的內容與目標。例如：台灣在面臨中國日益迫近的武力威脅時，國防或國家安全當然仍是第一要務。畢竟，安全、生存與繁榮仍是人類的終極關懷。然而，我們也必須高度留意是否因為忙於處理這些基本生存問題，以致忽略、排擠其他國家發展目標和價值，最後使得台灣社會日益空洞貧乏。

國家韌性來自機關能動性

上述這個角度的國家韌性，除了值得加以提倡，更和公部門是否具有能動性密切相關。特別是那些攸關經濟治理、暱稱人民權益看門狗的管制機關，當然包括做為競爭法機關的公平會在內，是否強大、有無完成原先組織設置的目的，最為關鍵。

為什麼呢？因為這些政府組織和經貿、財稅、國發等部門不一樣，通常不是站在第一線，向來並不會受到太多關注，其績效和表現更容易因為整個社會的注意力放在國安上面而未被嚴肅看待。偏偏在數位時代，管制機關的重要性無與倫比。

主要理由在於，數位平台經濟及其所衍生的公平競爭、隱私與詐騙、消費者權益等三大問題，已逐漸成為經濟發展和人民權益保障的核心。就我觀察，除了低薪和高房價之外，這些數位治理也是新世代或年輕族群特別感興趣的議題。如想得到年輕人的好感和支持，其實不必捨近求遠，可在數位治理議題方面多加把勁。

可惜台灣常因為陷入管制會影響發展的迷思（兩者實為互補），或源於價值目標模糊，以致包括管制機關在內，大家在面對新興議題往往面面相覷不知所措。如果說管制機關普遍缺乏能動性，可能有點諷刺。畢竟機關，特別是獨立機關的「機關」二字和能動性，英文其實就是agency。

不知從什麼時候開始，我逐漸發覺能動性這個概念很受用，涵蓋政府部門、學術領域（經濟、社會、心理學等），甚至下棋或遊戲……。像是諾貝爾經濟學獎得獎人沈恩在談經濟發展時，更著眼於過程中是否得以提昇個人自由、能力和能動性。

李登輝前總統在談及台灣人的認同問題時，也提到能動性這個概念。在台灣經驗中，台灣如何由「被動性」轉為「能動」？這當中存在很重要的文化意義。下棋或遊戲時更是有如在「魔法圈」（magic circle）此一空間和時間內，展現、經驗或享受能動性。

至於人或機關為什麼會缺乏能動性？早年佛洛姆（Erich Fromm，一九○○年－一九八○年）在《逃避自由》一書中，曾探討人在大環境劇烈變動下，覺得自己微不足道、無能為力，只能藉由假裝自己沒有選擇自由來逃避心理焦慮。這顯然已觸及人類的自由和選擇等深刻哲學。

如果以當代行為經濟學的觀點來看，佛洛姆提出這種失去能動性的現象，可能和現狀偏誤（status quo bias）有關。什麼是現狀？現狀不只是可具體感受見聞的現實數字或狀態，更是一種存在於人們腦海中的共同認知。人們往往因為恐懼失去或損失規避（人們對失去的痛苦很巨大，遠超過獲得的快樂），並深怕後悔等心理在作祟，以致傾向不做任何改變。尤其對那些自己做出的錯誤決定更是如此。這種傾向最終導致人不再積極主動，或機關習於不作為、等待外在指令，那怕只需承擔些許風險或根本不存在風險。

在疫情結束前夕我參加過一場人類學視角的「蘑菇為何而活？松茸與他們

創造的世界」線上讀書分享會，從此知道了連蘑菇、松茸都有一定的能動性。這類真菌植物透過分泌特定化學物質（因此美味可口），最終得以改變周遭環境和地貌，即便地景殘破，他們依然能夠脫穎而出。據說一九四五年原子彈摧毀廣島後，滿目廢墟中最先出現的生物就是松茸。

就在我來公平交易委員會（公平會）服務將滿八年，眼見這個在國際上被尊稱為大企業剋星的競爭法機關，逐漸淪為主要業務在於處理不動產不實廣告，卻對臉書、Google等跨國科技巨擘毫無作為而不免氣餒的時候，安安靜靜的蘑菇，突然有了勵志意義。

五　歐美民粹主義的興起與升級　不滿族在反撲什麼？

我認識我的羊，我的羊也認識我。

——聖經《約翰福音》

「民主的代價就是必須永遠保持警戒」，美國開國元勳傑佛遜的這句名言屢被傳頌。但到底要警戒什麼呢？後世經驗告訴我們，自由民主體制主要有三大敵人，分別來自極權的威脅、金錢的誘惑，以及廉價的激情。

有人說，二十一世紀以來，尤其是從二〇〇八年全球金融危機之後，在歐美民主國家聲勢急遽上漲的「民粹主義」，不過就是一種廉價的激情，來得急、去得也快。但種種跡象顯示，事情似乎並沒有這麼簡單，就連二〇一六年英國脫歐成功和川普當選美國總統，恐怕都還不是民粹現象的顛峰。

尤其二〇二四年適逢全球關鍵選舉年，歐美各地主張「反菁英、反移民、反全球化」的右翼民粹主義政黨，無論是在得票率或執政機會上，都大有斬獲。除了川普強勢回歸、二度當選美國總統之外，在歐洲部分，荷蘭組成號稱二戰之後最排外的聯合政府，其極右政黨自由黨更早在二〇二三年就已是國會第一大黨。

「我們要阻止過量湧入的移民和尋求庇護者，讓農民、花匠、漁夫再次擁有未來。」這是荷蘭聯合政府的執政誓言，即使是政治語言也有其動人之處。

除了荷蘭，德國極右政黨「德國另類選擇黨」（Alternative für Deutschland，AfD）繼續在德東各邦攻城掠地（圖林根邦第一大黨、薩克森邦第二大黨），其他包括法國、義大利、芬蘭等國也有相同趨勢，右翼政黨不是距離執政愈來愈近，就是已獲邀加入聯合政府。如果說歐洲各國政治氛圍已明顯右傾，一點都不為過。

美國民粹主義的源起

相較於歐洲，美國其實早有民粹主義的傳統。

民粹主義（populism）一詞最早起源於十九世紀末美國西南部的一場政治反抗運動。這場反抗運動始於南北戰爭（一八六一年－一八六五年）結束後，當時國家重建後的繁榮進入尾聲，同時中西部新開墾出大片農地，導致農產品的供給大幅增加，遠遠高於整體需求。伴隨著經濟陷入景氣循環的衰退階段，國內出現嚴重的通貨緊縮（一八七五年－一八九六年），一般商品的物價持續下跌。而當經濟情況不佳，工資也必然停滯。

農產品價格下跌為農民帶來極大的痛苦。為了自救，當時的農民、工人和礦工聯盟組成「人民黨」（People's Party），俗稱「民粹黨」（Populist Party），對抗東北地區以紐約為主的銀行家和金融機構，並強烈反對被認為是造成農產品價格下跌元兇的金本位（Gold Standard）。

這裡快速回顧一下金本位的發展歷史。金本位是在一八二一年由英國率先採行的貨幣制度，隨著現代民族國家的興起和國際貿易發展需要，全球各地陸續跟進。各國普遍實施金本位的期間，大約是從一八二一年到一九一四年，之後隨著第一次世界大戰的爆發而崩潰。這種制度以黃金做為國際交易支付工具以及計價、清算基準，一種固定匯率制度於是成形。後世的國際貨幣體系，特別是二戰後的布列敦森林體系（黃金—美元本位制），運作方式和原理都和金本位密切相關。

十九世紀時的美國農民聯盟為什麼會把矛頭指向金本位制？一來，這個以黃金價格做為交易價值標準的貨幣制度，讓國內流通貨幣與黃金價格維繫一定兌換比例；二來，為了維持黃金價格（有如價值的錨）穩定，國內的貨幣發行或貨幣供給必須受到黃金數量的嚴格限制，否則這個制度無法長期順利運作。

再者，由於黃金開採和增加不易，通常跟不上經濟活動發展所需，以致造成抑制經濟活動和物價，並加劇景氣循環的衰退幅度，其中當然也包括農民賴以維生的農產品在內。最後，物價下跌也意味著農民積欠的借款實際負擔將愈來愈沉重（這個道理跟負債的人或政府都會受益於通貨膨脹相同），形同雙重打擊。

十九世紀末，美國史上第一場民粹運動因為畢竟屬於地方和區域層級，主要訴求很容易隨著政經局勢發展被淹沒，終究未能成氣候。然而，這場運動所發展出的「生產者至上論」，後來成為美國民粹主義的內建基因。

民粹主義者透過把農民描述成生產物資的純粹人民，很快讓農民與那些不事生產又以高利貸剝削農民的銀行家和政客菁英形成尖銳對比。一直到二十一世紀，無論是偏右翼的茶黨運動或偏左翼的佔領華爾街運動，由於兩者都反對政府紓困銀行界，他們的訴求中都會出現「捍衛純粹的大街（Main Street）、對抗腐敗的華爾街（Wall Street）」這種論述語言，也就不教人意外。這顯然就是「生產者至上論」的現代復刻版。

尤其，美國茶黨運動始於二〇〇九年全球金融危機之後，是一場結合右翼與保守菁英草根政治的社會運動，發起人除了強烈反對過度徵稅和政府干預私部門，也主張應嚴格執行限制移民政策，後來這一派聲音受到共和黨吸收。回頭來看，由於當時茶黨運動的聲量和能量都不小，不只預示，更鋪陳了川普時代的來臨。

民粹主義：一種內容空泛的意識型態

至於當代民粹主義具有哪些特徵？和提倡進步價值的社會運動又有何不同？以下主要根據荷蘭政治學者卡斯・穆德（Cas Mudde）的系列研究，特別是他和智利學者卡特瓦賽爾（C. R. Kaltwasser）的《民粹主義》這本權威著作，大致解析如下。

首先，民粹主義是一種內容空泛的意識型態，難有固定形貌，並往往依附在其他意識型態之上。例如，民粹主義可和左右兩種意識型態結合，所以不僅有向來盛行於拉美國家（二戰後阿根廷的政治強人裴隆尤為鼻祖）、通常和某種形式社會主義結合的左翼民粹，也有晚近在西、北歐富裕國家興起，標榜國族主義和本土主義（nativism）的右翼民粹。後者主要針對外來移民和內部少數族裔。

正由於民粹主義的內容空泛，其支持者雖然「勇於提出令人不安的問題」，但本身並無法好好回答或回應當代社會的政經難題。

其次，民粹主義者習慣把社會化約成兩種內部一致（具有相同利益和價值觀）且互相對立的陣營，一邊是「善良純真的人民」，另一邊則是「腐敗的菁英」。民粹主義者所提倡的「人民」概念，既隱含人民作主（人民主權）意義，更表達他們代表平凡老百姓。民粹主義者特別重視那些因為社經地位受到排擠，或被主流政黨忽視的群體。團體領袖或提倡者往往會故意採用被主流文化視為低俗的文化元素，藉以表達情感上與君同在。

相較於一般人民，菁英在民粹主義者眼中則被泛指為「大部分已在政治、經濟、傳播媒體與文藝界取得優勢地位的人」。但有趣的是，民粹主義陣營責難的菁英對象，並不包括身處同一陣營的民粹領袖，諸如一些政治素人或重要支持者。

而常常民粹主義運動會伴隨對傳統政黨、官僚體制或國際經貿合作組織等大型國內外機構的批判。在歐洲最顯著的箭靶，當然就是歐盟及其附屬機構。英國脫歐活動期間最經典的一句口號——「讓人民奪回我們的國家」(take back control）在世界各地更引發不少仿效，在煽情之餘更帶有陰謀論的味道。

需求面：是誰在擁抱民粹主義？

最後，穆德除了精準定義何謂民粹主義之外，也分別從民粹政治的供給面（領導者的特質、理念主張）和需求面（支持者的想法、偏好）角度切入，按照選舉能量、議題設定和政策影響等三項標準，客觀分析如何評價民粹主義之成敗，在在教人讚佩不已。

穆德認為，如果主流世界再把當代民粹運動的領導人看成「煽動家」或「投機主義者」，那無異於提油救火，而且對解決實質問題沒有幫助。他也特別強調民粹運動的需求面因素，亦即理解選民的認知和想法，以找出民粹政治的蔓延原因和回應之道才是正確作法。

例如，當一國經濟顯著下滑或政府發生重大弊案，都很容易激發民粹情懷，但政治菁英對民怨的反應遲鈍與冷漠才是關鍵因素。以歐洲極右派民粹政黨的支持者為例，他們大多來自在地工人階級，因為「早年支持的社會民主政黨，已經不再替本土基層發聲，反倒去擁抱全球化、歐洲經濟整合和多元文化主義」。意思是說這些既有的傳統左右政黨已經不知民間疾苦，以致出現代言真空。

或許因為穆德的胞兄曾是荷蘭右翼極端主義運動的領導人之一，甚至還一度因過激言論被判入獄，讓穆德針對民粹主義支持者的研究更顯得有血有肉和說服力。根據他的分析，這群人可能沒那麼進步，也不想主動積極參與民主過程，但迫切需要有人替他們代言。

那麼，在這個世局動盪的危疑年代，什麼樣的人格特質最能被這群人高度信任呢？穆德提出以下觀察：

——這個人不需要口口聲聲說願意傾聽人民的心聲，而是要能真正認識我們、帶領我們，並理解我們的根本痛苦和關切所在。

——這個人可能不需要擁有何等高尚的品格和清楚理念，但必須要有活力、意志堅定，無論他（她）講什麼，感覺都要像是咱們自己人（our guy），不會出賣我們的利益。

至此一步，川普的形象就已呼之欲出。美國前總統尼克森眼中的「沉默的大多數」，如今竟然也開始懂得反撲。

美國社會學家霍奇爾德（Arlie Hochschild）在二〇一六年出版的田野調查力作《國境內的陌生人：美國右派的憤怒與哀愁》，也呈現出類似的焦慮、挫折和世界觀，如同書中提問：「為什麼那一群又一群的移民、黑人……總是在插隊、被優先考慮？」這本書對美國川普的崛起和茶黨運動的緣由，特別是其支持者的處境和心境，描述極為深刻。

二〇一六年，美國另有一本與《國境內的陌生人》主題高度雷同，但以家族回憶錄形式出版的書《絕望者之歌：一個美國白人家族的悲劇與重生》，後被改編拍成同名電影。作者不是別人，正是川普在二〇二四年挑選的競選副手俄亥俄州參議員范斯（James D. Vance）。這本當年讓范斯聲名鵲起的書，主要描述鏽帶地區（尤指美國衰敗的工業州）「貧窮白人」（working white）的現實困境。透過活生生的人來述說「美國白人竟然也有這麼一天」的故事，感染力之大不言可喻。

經濟學家是民粹主義的天敵？

問題是，每個時代、每個社會都有「不滿族」，但這波民粹主義到底在反撲什麼？他們為什麼能在近一、二十年來，在歐美富裕國家成功召喚？接下來就來談談「民粹主義的天敵」，亦即經濟學家們如何看待這個時代議題。

經濟學家是民粹主義的天敵說，主要和經濟學是一門擅長潑冷水、勇於點出政策成本和預算限制所在的學問有關。特別是對那些不負責任、難以永續的政治承諾或財務規劃，經濟學家往往會豎起耳朵提高警覺，想方設法加以戳破。另外，經濟學家傾向支持有規則可循的治理模式，包括專業自主的管制機關和獨立的中央銀行。而這些都會限縮政策選項和政治人物說大話的空間。

話說諾貝爾經濟學獎得主、著名的川黑克魯曼就曾直言，川普根本就不是民粹主義者。因為真正的民粹主義者會想辦法照顧底層和弱勢人民，但觀察川普在第一個任期內的所作所為，絕大部分的政策都明顯偏袒富有階級和大企業。

不過，晚近反倒出現民粹主義可能是經濟學家天敵這種諷刺說法，亦即希望經濟學能更貼近現實，並以更謙卑態度，多多和其他知識領域聯繫、與社會大眾溝通。否則曾經在政策領域舉足輕重的經濟學家，未來的重要性恐怕會愈來愈低落。

在這個民粹主義當道的年代，經濟學家更應該努力解釋（explain），而非只是抱怨（complain）。法國經濟學家提洛爾（Jean Tirole）這句話，應該是有感而發。

經濟不平等與經濟不安聯袂而來

至於經濟學對民粹主義的正式分析，則可從一九九〇年代以來，技術大幅變遷（自動化、數位化）和全球化（貿易、金融、移民）的衝擊開始論起。

技術進步和全球化（含中國經濟崛起）固然能夠有效提昇整體生產力與經濟福祉，然而由於調整過程劇烈，往往會伴隨利益分配和成本分擔不均等後遺症。例如教育程度較高者和都會地區，通常比較敏於運用全球經濟整合競爭壓力下，獲利或生存所需的技能和資源。

然而，隨著產業轉型和工作型態大幅改變，除了帶來更多不確定因素之外，也會產生另一批工作不穩定、收入微薄並缺乏勞動條件保障的「殆危階級」

（precariat），或所謂蒲公英族。

Precariat一詞乃由precarious（不穩定）與proletariat（無產階級）兩字合成，原指季節工人，現在則泛稱已開發國家中，工作低薪且不見前景的飄零族。由於危殆階級人數愈來愈多，彷彿形成一個社會階級，近年來這群人的心理動向、政治參與和投票行為，更已成為研究焦點。

晚近無條件或全民基本所得（Unconditional / Universal Basic Income, UBI）的倡議緣起，即和試圖解決蒲公英族此一現象有關。雖然主流經濟學界對此倡議多半大大搖頭，認為透過工作參與經濟活動仍然很重要，因為那對人的尊嚴和發展意義遠遠超過謀生功能。

但是不管如何，近年來在社群媒體的推波助瀾下，經濟兩極化的趨勢更容易導致政治和社會兩極化。如果國家政策沒有妥善因應，特別是好好安頓、扶植那些落隊的人或產業，無異為民粹主義打造溫床。

艾塞默魯（Daron Acemoglu）和羅德里克（Dani Rodrik）這兩位美國經濟

學家，剛好都是土耳其裔，分別在技術變遷和全球化的分析架構方面，都有相當傑出的研究成績，所提建議更每每發人深省。如果對經濟不平等和民粹主義的關連感興趣，他們的著作不容錯過。

雙重不安：經濟不安與文化認同危機

另一個和經濟不平等（所得財富分配不均、區域失衡）高度相關但不完全一樣的概念則是經濟不安，近來也常被拿來解釋民粹主義的成因和為何持續壯大。兩者孰輕孰重，近來也成為學界關心重點。

理由在於，有些人根本不喜歡過分單調的平等（和別人比較），反而更關心如何降低個人的經濟不安全感（和過去比較）。不論原因為何，如果「個人經濟現狀」教人擔憂或不存希望，那麼行為經濟學上的「損失規避」（loss aversion）就會發揮作用。這類似一名幾乎輸光錢的賭徒，極願意再賭一把的心理，亦即行為模式從「風險規避」轉為「風險愛好」，並在政治上轉而支持激進的民粹主義領袖和政黨。

印度裔美國經濟學者普拉納布．巴丹（Pranab Bardhan）在二〇二二年出版了一本極有見地的書《一個失去安全感的世界：富裕與貧窮國家的民主除魅》（*A World of Insecurity*）。他的主要論點在凸顯經濟收入面的焦慮，加上身分、文化等認同危機，這種雙重不安最能說明何以民粹興起，特別是解釋何以愈來愈多的社會弱勢階層，竟然選擇由右派民粹政黨來為他們代言。

巴丹擔心，民粹主義不僅會為自由民主體制帶來嚴峻挑戰，甚至會危及國際合作，例如延遲淨零計畫等改善氣候變遷的進步倡議。他甚至認為，不安的因素遠比經濟不平等更能解釋何以民粹主義日益興起。

學理上，狹義的經濟不安指的是家計收入不穩定，廣義則包括來自全球化和自動化的衝擊和壓迫，導致人們處於脆弱狀態。就身份和文化認同危機而言，歐洲有伊斯蘭難民和移民問題，美國方面則有一大票人對所謂「進步人士」（wonk）所持文化多元價值深感不安，這些看來都是觸發因素。而被觸發的人特別會去主動追隨民粹主義的鮮明旗幟，尋找慰藉或反撲機會。

由於民粹主義的主要目的在於喚醒而非顛覆國家，可算是自由民主體制的暗黑靈魂。很多民粹主義者的過激言論和主張都很不可取，但他們的出現也有其正面意義，至少反映出某些被長期忽略的根本問題和不滿。

就台灣來說，我們的主要苦惱和歐美這些國家並不完全相同，「民粹指數」的高低如何，還真是不容易判定。

一方面，我們有不錯的經濟成長、不差的勞動就業（部分以低薪換得）、普受歡迎的全民健保，以及沒有先進國家常見的「過早去工業化」等後遺症。但另一方面，社會大眾也苦於薪資停滯（服務業生產力不高、勞工集體議價能力低等問題）、房價偏高且持續上漲（涉及單一方向的利率與匯率政策等深層政經難題），以及決策菁英的政策思維多半仍停留在新自由主義而不自知等潛在風險。

期待有一天，我們對經濟成長的目的、所得（財富）分配和經濟不安方面的政策因應架構，乃至語言和論述方式，都能夠全面翻新。這是預防民粹主義興起的不二法門。

專欄二

● 拉丁美洲的廚師

民粹主義喜歡談菁英和人民的二元對立，我在二〇一七年世界銀行出版的《世界發展報告：治理和法律》（*World Development Report：Governance and the Law*）專輯中，看到一則趣聞，對了解拉丁美洲國家的社會階層流動僵固，以及菁英們發揮影響力、掌握資源和利益分配的非正式管道（即de facto power），很有幫助。

他是總統官邸的御廚，負責總統和其貴賓的料理。

經過一場激烈的大選後，由於政黨輪替，總統終於換了人當。新任總統搬進官邸後，照例開始宴客。

有人問這位御廚，是否覺得必須調整菜單來迎合新客人的飲食口味會有困難？

「問題並不大啊。總統雖然換人，但客人幾乎都一樣。」御廚斬釘截鐵地回答。

延伸閱讀

1. 丹尼・羅德里克（Dani Rodrik），《貿易的取捨：邁向更好的全球化，我們如何重塑世界經濟新秩序？》，衛城出版。
2. 拉古拉姆・拉詹（Raghuram G. Rajan）著，廖月娟譯，《第三支柱：在國家與市場外，維持社會穩定的第三股力量》，天下文化。
3. 彼強・莫伊尼（Bijan Moini）著，李建良譯，《拯救我們的自由：數位時代的起床號》，遠流出版。

六　二〇二三　服貿退散兩帖

前情提要：二〇二三年六月，隨著隔年一月總統大選的日期逼近，各主要政黨陸續拋出政見，或針對攸關台灣前途的重大議題發言。民眾黨方面更提出重啟「兩岸服務貿易協議」（簡稱服貿協議）的驚人主張，一時引發眾人熱議。主要由於我從二〇一七年起就來競爭法機關，也就是公平會服務，所以不彈此調久矣，加上不清楚民眾黨此議究竟是認真看待兩岸經貿議題還是認真在試水溫，原本並沒有想要對外表達看法。

殊不知當時任職輿論界的友人知道我對兩岸經貿議題素有研究，而且可能還有餘勇可賈（賣），於是敦促我再度提筆，談談問題的來龍去脈。一共揮就兩篇，第一篇發表在「思想坦克」網路政經論壇，第二篇則見於《自由時報》，本書特別加以收錄，並保留文章本來面貌做為歷史見證。

國際貿易和競爭政策或反托拉斯法的本質，其實有其相似之處，特別是盡量不要過度集中這件事。貿易對象和進出口商品應盡可能分散多元，談判地位或議價能力才會比較高，而且不容易受制於人；就競爭政策的角度，更不希望產業的市場集中度過高，甚至有企業居於壟斷地位，因為這不僅會產生經濟效率損失，也會衍生很多競爭疑慮。

我在第二篇文章提到了競爭法領域的「四家法則」：「如果市場上有四家規模相當的企業從事競爭，亦即最高二五％的市占率堪稱健康。」進一步推演，如果市場上有三家規模相當的企業從事競爭，亦即最高三三．三％的市占率就比較需要提高警覺了。那麼，「國家之間的經貿集中度也可作如是觀」。

以上是我近八年來沉浸競爭法和產業經濟學的部分心得。現在能夠回饋給我原來研究的主題——國際與兩岸經貿關係領域，即使只是小小「一得」，我也覺得非常美好。

□你的服貿　我們的問題

我在二〇一七年出了一本書《邊緣戰略：台灣和區域經濟整合的虛與實》，除了暢談對自由貿易協定（FTA）和兩岸經貿關係的研究心得之外，更對「兩岸經濟合作架構協議」（ECFA，二〇一〇年）的來龍去脈和諸多爭議詳加記載。其中，當然也觸及在二〇一三年完成簽署但隔年引爆「三一八太陽花運動」的服務貿易（服貿）協議，以及受到波及以致中止談判的貨品貿易（貨貿）協議。

二〇二〇年六月二十九日，兩岸經濟合作架構協議簽署十週年時，我應邀寫了一篇回顧文章——〈此身雖在堪驚：見證一場ECFA政治除魅〉，並收錄在二〇二三年二月問世的新書《隱藏的說客：一名經濟學家和台灣安全、公平、成長的探索之旅》。原本以為可以從此放下這些議題，沒想到事與願違。

那場聲勢浩蕩的太陽花運動，不是應該就已讓貨貿和服貿等協議的正當性消失殆盡了嗎？加上過去這十年來，世界局勢大幅翻轉，在在看不出有任何重啟談判的條件和必要。例如，以美歐為首的民主陣營，紛紛意識到應和對內日益集權、對外勢力日益擴張的中國保持適當距離，以避免被中國「經濟脅迫」（取得政治或外交目的），即使經濟和商業關係難以脫鉤（de-coupling），最起碼也必須降低風險（de-risking）。

所以相信不少人應該同我一樣，眼見竟然陸續有總統參選人逆向行駛，主張兩岸應重啟貨貿、服貿談判，都會深感錯愕吧。死灰也能復燃，民主體制果真多元可愛並常有意外（不確定性），可見一斑。

就先不揣測這些主張的動機，以下就來談談幾個和兩岸經貿有關的基本概念，做為思考這些問題的參考點。

不只是貿易：服貿的政治與民生隱憂

首先，貿易和貿易協議（定）是兩回事，貿易方面（市場面）台灣對中國已經過度傾斜，若再簽署具有排他性的雙邊貿易協議（制度面），只會加劇此一不對稱依賴。主要由於兩岸政經體制相去甚遠，而且愈來愈遠，尤其是再加上國家安全疑慮，目前兩岸根本沒有洽簽服貿的條件。

貿易之發生主要源於「比較利益法則」，核心精神在於善用國家之間的差異（生產技術、工資水準或消費者偏好不同等）並互蒙其利。此外，貿易和運輸成本有關，所以相鄰國家的貿易量通常比較大。

而且，由於經濟規模影響分工程度（市場大則分工較為綿密），所以單就貿易關係來看，小國和鄰近大國的關係往往會呈現「不對稱依賴」。以台灣出口為例，中國市場即高達四成。一般而言，最高不超過二五%是比較健康合理的比率，比較不容易因此一貿易結構失衡、傾斜而形成「支配—被支配」關係。

貿易也和生產供應鏈有關，亦即上下游垂直分工。台灣出口到中國的產品當中，九成以上都是中間零組件或資本財（生產設備等），都是中國從事投資或生產所需。所以很自然台灣對中國的雙邊貿易呈現出超，這對雙方都有利，把此現象說成是台灣佔對岸便宜則是政治語言，不是經濟語言。

至於貿易協定則是一種制度性安排，主要可區分成多邊貿易協定和區域（雙邊）貿易協定。前者專指「關稅暨貿易總協定」（GATT）和世界貿易組織所代表的多邊貿易談判體系，自由化方法主採「最惠國待遇」（MFN）或一視同仁原則；後者則以「自由貿易協定」（FTA）為代表，簽署的國家彼此深化經濟整合程度，但對沒有簽署的國家而言形同差別待遇。

比起多邊體制，區域或雙邊貿易協定的政治或權力關係更為顯著，由於排他性極強，除了經貿利益之外，外交與戰略考慮往往更是重要關鍵。尤其是服貿協議，一方面可能涉及國內服務業部門（傳統的金融、電信、航運，以及數位經濟）的開放，另一方面因為必然會有投資據點與人員移動，乃至法令規章與管制之調和，所以除非彼此政經體制近似，而且兩邊社會具有高度信任，否則通常不會輕啟這類談判。

近來兩岸關係又有新局面，中國軍機、航艦更是環島軍演、頻頻越過台海中線，改變兩岸政治現狀的企圖昭然若揭。現階段特別是有人重啟服貿之議，恰似改變兩岸經貿現狀，這無論是對台灣的產業發展、人民生計，甚至國家安全各層面，都影響深遠。所以更必須要求倡議者拿出具體理由，以供大家檢視。

預支空白支票：早收清單與黑箱裡的「什麼」

其次，ECFA存廢其實已不是問題，而台灣這邊應是「守靜」反而會是上策。

二〇一〇年兩岸簽署ECFA，包括十八項農漁產品、五百二十一項工業產品，以及金融業等少數服務業在內，同屬台灣這邊的「早期收穫清單」(Early Harvest List)，簡稱「早收清單」。早收二字更預示著將會有貨貿與服貿等後續談判。

ECFA是什麼？早收清單（少部分自由化），加上「預約」了後續談判，有如少許頭期款外加一張空白支票。

二〇〇九年到二〇一〇年那段期間，台灣朝野針對兩岸是否應該簽署ECFA，雙方攻防相當激烈。主要原因就出在ECFA的洽簽模式隱含不確定性，特別是對未來後續協議的內容究竟為何、範圍何在？縱使主其事的人，自己都無法事先掌握。

不難想像這種氛圍為當時台灣社會帶來多大的不安。服貿協議從談判、簽署到醞釀出三一八太陽花運動，就是最好的說明。至於所謂「只反對黑箱」這件事更是滑稽。是否符合程序正義和資訊透明當然很重要，但真正會產生實質影響的部分，應該還是「黑箱裡」的內容吧。葫蘆裡到底賣什麼膏藥，恐怕還是遠比葫蘆更關鍵。

既然後來的貨貿、服貿協議已被太陽花運動成功擋下來，ECFA和這些後續協議形同脫鉤，實際上只剩早收清單，已經沒有太大影響力。這也就是前面提及，ＥＣＦＡ已被除魅的意思。

早收清單大概只占台灣對中出口總金額的一六％，以及整體對外出口的五％。主要由於規模有限，加上彼此互惠的關稅環境和新的產業秩序都已經成形，雙方政府理應都會希望這部分可以繼續維持下去。特別是對北京來說，保有一個和台灣不受政黨輪替影響的實質連結，並不是壞事。

□重啟服貿談判　機關算盡或政治斷片？

一九九〇年代美國有一部電影《今天暫時停止》（*Groundhog Day*），講一位電視天氣預報員在報導小鎮一年一度的土撥鼠日活動時，陷入時間無盡循環裡，以致不停地重複當天情境。台灣政壇前段時間驚傳有某位總統參選人主張應重啟兩岸貨貿（貨物貿易）和服貿（服務貿易）協議談判，乍聽之下還真的以為我們的時間停格在二〇一四年三一八太陽花運動前夕。

顯然，即使過去這些年來，無論世界已經產生了多大變化，但仍有人彷彿記憶斷片，遲遲走不出來。退一步言，即便此君只是「請裁講講」（cheap talk），也透露出某種訊息。

兩岸經貿關係的確相當特殊，充滿暗礁，而且高度政治化。弔詭的是，在這種情況下，如果得以回歸經貿的本質和功能（依循比較利益分工、互惠、資訊透明與公平等法則），就經貿論經貿，台灣反而可能會獲得更大的空間。亦即心存敬畏、耐心等候，必要時順水推舟才是上策。

至於把兩岸經貿關係過度工具化，賦予超過負荷或操之過急的非經貿任務，往往會遇到反挫。前有馬政府欲透過服貿等協議來加速兩岸政治統合進程，如今則有藉以凸顯台灣外交應和「美中等距」之議，目的雖然不同，但置入手法則如出一轍。

事實上，兩岸之間除了主權爭議、政治與軍事嚴重對峙之外，尚且存在經濟規模、經濟發展階段、政經體制等三大懸殊差異，任何兩岸經貿倡議都不應該對這些差異略而不談。

懸殊的兩岸經濟體

主要受到全球化和技術進步的影響，一般而言人們對經濟不安的關切程度，早已高過傳統的經濟成長和所得（財富）分配議題。就兩岸經貿來說，由於彼此之間各種條件都極為不同，一旦透過正式經貿協議強化經濟整合，屆時形同得到加碼、加速的物流、金流與人流，勢必為台灣帶來大規模的經濟衝擊和不安，同時引發更多的失業，乃至擴大在工作、收入方面都更不穩定的「殆危階級」。僅此一端即可推論，如欲讓台灣和中國經貿進一步掛鉤，免不了我們的市場也必須對中國開放，對多數人（尤指中低階層、農業、傳統製造業和服務業）來說，根本就不是一項好主意。

另外，兩岸政經體制的差異愈來愈大，恐怕才是問題關鍵所在。台灣是個法治國家，但如果用此思維去度量（同理）兩岸關係或協議，必定遠遠失真。例如，在原先的服貿協議版本中，彼此都承諾開放印刷業，然而從事印刷在台灣幾乎沒有進入門檻，原則上只要做好公司登記即可營運，但在中國卻攸關「國安」，需要層層審批。試問，即使經由談判放在開放名單上，又有何意義？印刷產業如此，遑論其他更敏感的產業。

《昨日世界》的作者，奧地利名作家茨威格（Stefan Zweig，一八八一年—一九四二年）曾說道，就在納粹德國威脅即將兼併奧國前夕，友人對他示警趕緊逃亡，因為納粹看上他代管的龐大資產並可能對他不利。當時茨威格竟然天真地回答說：「可是納粹畢竟也要守法呀。」事與願違，後來茨威格不僅人被羈押，財產更全部充公。

如果仔細觀察中國近年來的人事佈局和經濟管制等趨緊作為，除了看得出習近平對經濟活動的掌控日深、各行各業稍具規模的企業愈來愈「姓黨」之外（例如黨組進駐企業等），不難獲致這個國家正逐步邁向「戰時經濟」體制此一初判。可惜這些不祥徵兆似乎仍不足以喚醒有些人的中國迷夢。

避免依賴與支配，降低集中貿易風險

回到貿易和投資集中度來檢視兩岸經貿關係。目前貿易方面台灣對中國市場的「不對稱依賴」依舊，市場出口依存度大致維持在四成左右，中國同時也已是台灣最大的進口來源國，將近兩成。再者，主要由於中國的經商環境變化，以及自二〇一七年起美中貿易戰、科技戰等原因，台商對中國的投資金額銳減，近年來每年大概仍有四十到六十億美元，雖然只剩全盛時期（二〇一〇年ECFA簽署時）的三到四成左右，但仍占台灣對外投資的三分之一，大致又恢復到二〇〇〇年時的水準。

問題是，如何看待這些數據？根據「四家法則」（rule of four），如果市場上有四家規模相當的企業從事競爭，則可算是有效競爭，亦即最高二五%的市占率堪稱健康，比較不容易發生壟斷或濫用市場支配地位等違法情事。國家之間的經貿集中度也可作如是觀。

一來，台灣無論是對外貿易或投資，顯然都已過度集中在中國；另外，近來美歐日各國對中貿易的政策架構已經有所調整，即使避談脫鉤，起碼也會強調降低風險和韌性供應鏈，以防萬一、以備不時之需。從責任倫理的角度來看，那些主張兩岸應重啟貨貿、服貿協議談判的人，此時更應該要明白告訴國人，支持其主張的經濟論述究竟為何。

對了，憑藉著自我覺察和反思，更加深刻認識自己之後，那位電視天氣預報員最後終於擺脫了日子一再重複的宿命。

七　國家興衰和ＡＩ的雙面性：艾塞默魯等人獲頒諾貝爾經濟學獎的時代意義

難得有這樣的一組經濟學家，不僅研究成果備受主流學界肯定，更能夠把精彩的研究內容化為多本暢銷書，造福全球決策菁英和普羅大眾。以美國麻省理工學院教授艾塞默魯為首，搭檔羅賓森（James A. Robinson）和強森（Simon Johnson）這兩位學者寫書寫論文，如今同摘諾貝爾經濟學獎桂冠，可說實至名歸。

為什麼他們做的研究如此叫好又叫座？鼓舞了誰、又預警了什麼現象？對我來說，這些都相當值得玩味，更能從中得到啟發。

一切都必須從艾塞默魯三人組的兩篇論文談起。分別是發表於二〇〇一年、屬於實證性質的〈殖民地起源比較發展的實證研究〉，以及隔年刊出、成為核心理論基礎的〈貧富的逆轉——論現代世界貧富格局中地理和制度的作用〉。後來大家耳熟能詳的《國家為什麼會失敗？》和《自由的窄廊》這兩本書，主要敘事架構大致上都脫胎於此。

他們的系列研究乃從一個看似稚氣卻也不好回答的問題開始：為什麼有些國家富裕、有些貧窮？換言之，決定國家的命運興衰最重要的因素究竟為何？

對於這個問題，韋伯的答案是強調勤儉禁欲和規矩累積財富（做為救贖證明）的基督新教倫理；《槍炮、病菌與鋼鐵》一書的作者戴蒙講的是地理環境決定論，認為溫帶氣候比熱帶適合經濟發展。艾塞默魯等人則主張，建立某種好制度（institutions）遠比什麼都重要。

能夠照顧多數人民的廣納型（包容式）政經體制，就是一種好的社會制度，比較能夠產生創新社會並導向長期經濟成長；相反的，僅僅為少數菁英權貴服務的榨取型資源分配方式，容易陷入經濟發展停滯、社會缺乏信任，以及政治不穩定的泥淖。

艾塞默魯三人組最大的研究特色是論證充滿好壞或善惡雙面性。例如榨取式體制固然很負面，但由於也存在「菁英—人民」之間的利益衝突和矛盾無法解決，特別是菁英的改革承諾後來沒人相信、人民的暴力革命威脅則難以消除，最後反而必須靠走向民主來擺脫此一惡性循環。

這種運用事前事後行為不一致（即承諾可信度問題）和誘因機制不足來解釋民主化的論述架構，顯然和相信經濟繁榮之後，民主就會跟著來報到的「現代化理論」有所不同。遠的先不談，希望這個得獎的學說早日在鄰居中國應驗。

如果只是問對問題和提出漂亮的答案，恐怕都還不足以獲得諾貝爾經濟學獎甄選委員會的青睞。艾塞默魯這三位學者之所以勝出，應該還是和他們別出心裁的研究方法有關，包括善加利用特殊歷史機遇的自然實驗法和貧富的逆轉（reversal of fortune）此一觀察，反覆論證制度對國家社會發展具有深遠影響。

此處的歷史機遇指的是從十六世紀起，歐洲對外殖民所留下的資料和事件紀錄，剛好可以拿來檢驗不同制度之間的差異和後續經濟表現的關連。

比較政經制度：以歐洲殖民地為例

首先，他們發現殖民母國在當地採取的統治模式，取決於殖民地的人口密度和傳染病是否嚴重。人口密度高也意味著即使被征服，反抗力道可能較大，而且擁有充沛便宜的勞動力可供剝削。加上如果當地的傳染病嚴重的話，派遣太多的殖民者親赴開墾反而冒險，因此算盤一打，建立榨取型的體制比較划算，例如非洲和拉美地區。反之則反之，就比較可能出現廣納型體制，包括引進私有財產權制度和自由市場，例如北美和紐澳各地。

其次，得獎學者用都市化程度來衡量當時殖民地的貧富水準，並且發現原先比較富裕、人口較多的殖民地，亦即榨取型體制盛行的地方，後來經濟發展反而幾乎陷入停滯；至於北美、紐澳這些在殖民之初比較落後的地方，由於廣納型體制當道，經濟社會明顯日益繁榮。

貧富發生逆轉的時期，大約是從十九世紀工業革命之後。隱含面對技術創新，制度的差異確實會影響該社會把握或發揮這些機會的能力。艾塞默魯等人進一步指出，在殖民地被殖民之前或世界各地未被殖民的地方，都不曾發現貧富逆轉現象，讓人更加確定歐洲的殖民經驗是個獨特的歷史機遇和極佳的天然實驗場域。這也等於再次申論，不同的制度更能夠解釋長遠經濟績效，而不僅僅只是地理環境。

最後是一個和計量方法有關的技術性處理。影響經濟表現的變數很多，而且變數之間往往也會出現彼此互相依賴，為了處理這類「雞生蛋、蛋生雞」的因果關係問題，如何找到適當的工具變數（和制度此一解釋變數高度相關的一種外生變數）就很關鍵。此處他們找到的是不同殖民地移民死亡率此一珍貴的歷史資料。

數位時代榨取型制度重現？

另外，就在ＡＩ人工智慧浪潮席捲全球的此刻，艾塞默魯和強森的近作《權力與進步》，更以千年來科技進步對人類社會和勞動市場（就業、薪資）的衝擊為題，指出技術本身沒有好壞，但技術發展政策則有的這個警告，相當值得深思。

簡單來講，ＡＩ和技術進步會有兩種效果，一為取代勞工（或降低其工資議價能力），另一個是增加勞工的生產力。截至目前為止，前者的威脅與日俱增，但後者的效應卻只見牛步。而朝增加人們生產力的發展方向，才能讓科技進步的成果廣為分享，否則無異於榨取型制度之重現。這對經濟社會公平是個巨大傷害，更對自由民主體制造成潛在威脅。

艾塞默魯三人組此次獲獎的最大啟示是什麼？除非選對制度並繼續堅持下去，否則儘管曾經有過的自由與繁榮，很有可能都會倒退和失敗。這是個數位時代，或多或少也是個民粹時代，艾塞默魯等人的研究內容和解方，怎麼看都和這兩大時代精神（Zeitgeist）有關。

II

公平會手札

一 天下真的有白吃的午餐——權力、知識、勇氣

理論都是灰色的，唯有生命之樹長青。

——歌德，《浮士德》

競爭法大致就是美國的反托拉斯法（雪曼法、克萊頓法等）、日本的獨占禁止法、中國的反壟斷法，以及台灣的公平交易法（簡稱公平法）。名稱各有不同，但宗旨不外乎促進競爭效率並提昇消費者福利。

實際操作上則在於營造自由且公平的交易環境，讓市場維持相當的競爭態勢（可競爭性），避免競爭過程出現扭曲，以實現物美價廉、更多選擇機會，

乃至創新等實質利益。

聽起來很普通，加上公平會每年公務預算不到四億新台幣，在很多人眼中，這個機關只不過是小菜一碟。角色和功能都被嚴重低估，可說剛好而已？

其實，這個在中央部會中的末座機關，以及眾人眼中的冷衙門，不僅關係到市場秩序和商業文明的維繫，更是經濟效率和社會公平能否實現的試金石。這個使命應該是非常重要，只是很多人不曉得或尚未察覺而已。我在公平會任職八年，對權力、知識和勇氣的體會又比來此機構之前更深一層，等一下慢慢跟大家分享。

有一次聽司法院許宗力前院長（曾擔任第二屆公平會委員）談起，公平會是台灣第一個專業、合議、獨立的委員會機關（Commission）。專業委員會乃由國家針對特定產業管制或任務予以授權，例如政府為了各種監理和規管目的（飛安、資安、食安）通常會成立這類管制機關，外界則暱稱為人民權益和公共利益的看門狗（watchdog）。如大家所知，狗狗具有多種功能，包括預警（預示危險）、戰鬥、陪伴和打獵，可和人類分工並提高生產力。

以美國為例，包括大家常聽到的聯邦航空總署（Federal Aviation Administration，FAA）主掌飛安；食品藥物管理局（U.S. Food and Drug Administration，FDA）負責新藥審核和藥物使用規範，以及分別和台灣公平會、通訊暨傳播委員會（NCC）功能相當的聯邦交易委員會（FTC）與聯邦通訊委員會（FCC）。

就台灣來說，則有國家運輸安全調查委員會（運安會），專責調查航空、海運、鐵路、公路、運輸建築安全事件，以及屬於商業監管獨立機構的公平會和NCC。其中運安會的行政位階相當於中央三級的獨立機關，公平會和NCC則是中央二級的獨立機關。

公平會趣聞一則

就在二〇二二年公平會三十週年慶的場合，當時曾擔任第二屆公平會委員

（一九九五年—一九九八年）的總統蔡英文和行政院長蘇貞昌雙雙蒞臨致辭。在蔡總統後面發言的蘇院長說，他前思後想，今天終於想通了為什麼自己總是沒辦法選總統了，「因為沒當過公平會委員！」

公平會做為台灣最老牌的專業與獨立機關，在過去三十餘年來針對本土市場運作所歸納的處理原則、所劃出的行為界線和累積的行政訴訟經驗（委員會議做出行政處分後和當事人及司法機關的攻防互動），在在都是相當珍貴的資產和智慧結晶。歷年來所培養的跨法律與經濟領域實務人才，更是不可勝數。

特別是由於組織法明訂，加上大法官會議解釋的背書，公平會針對個案審查和處分得以免受其他行政機關（含上級機關）指揮監督，個別委員更是依法獨立行使職權。這種把政治力干預和商業遊說降到最低的獨立性設計和因此得以倖存的專業性，在台灣社會可說相當難能可貴。兩者如能相互強化，我們向來相當抱歉的國家治理品質，才更有機會獲得提昇。

就獨立機關的獨立性而言，雖說現實與理想之間總是有落差，但過去的經驗告訴我，如果實質獨立不可得，尊重形式獨立則是起碼的要求，仍有其意義與價值。一如形式民主與實質民主的運作和辯證，保有形式民主可為更優質的實質民主留下發展空間。

法國管制經濟學大師，也是二〇一四年諾貝爾經濟學獎得主提洛爾，就對獨立機關在現代民主體制下，如何調和國家運作和人民利益，以及消弭專業和可責性（accountability）之間的緊張關係相當看重。

春江水暖鴨先知。當社會面對新興議題時，包括在數位和平台經濟時代，跨國科技巨擘如Google和臉書的商業模式屢屢涉及競爭疑慮、消費者權益和隱私保護，政府在法規面或政策面究竟應該如何回應才算妥適？由於公平會做為競爭法機關對市場活動的觸角最敏銳、規範角色最權威，更可發揮政策探針的功能。

小辭典：公平會所司何事？

競爭法主要規範三種限制競爭行為類型：聯合行為（在台灣特指同一產銷階段事業之間的水平勾結或協議）、濫用市場力（壟斷力或市場支配地位）之單方行為，以及結合管制。

要有限制競爭的能耐當然和市場力有關，特別強調事業市場力過度集中的後遺症，尤指排除競爭對手和榨取消費者利益等競爭傷害。

另有不公平競爭，強調行為和手段本身不能違反商業倫理，例如不實廣告，以及諸多涉及「欺罔或顯失公平」的行為。其他國家通常會把這部分和競爭法分開立法，或交由一般行政機關處理。

權力　規範的權力

二〇二四年初，我應盧建彰導演之邀，到兒童福利聯盟的Podcast節目上，跟小朋友們聊聊公平會在做什麼，特別是跟我們的日常生活有何關連。在這種時候，比喻是必要的。

首先，公平會有如競技賽事中的裁判，透過執法確保參賽者遵守遊戲規則。做為裁判總是希望有更多的好手報名參加比賽，好讓比賽過程精彩、結局完美。就像是市場中有更多賣家（生產者、廠商或企業），彼此競爭，透過物美價廉、更多選項，乃至創意獲得買家（消費者、顧客）的青睞。

想像中會有一種競爭秩序，大家各憑本事，進可促進社會進步，退可避免無謂爭端。所以公平會或競爭法機關的設置，通常也可視為商業文明的提昇。

另外，公平會的角色又像是看門狗，避免市場競爭演變成弱肉強食的叢林社會。擁有力量的人都必須負起一種特殊責任，亦即必須自我節制，尤其是不能濫用這種力量，包括剝削別人的努力成果或排除別人參與競爭。不然的話就需要外力來加以約束，公平會就在扮演這個平衡角色。至於是不是狠角色，就看我們的法律是否完備、執法積不積極。

無論是裁判或看門狗，競爭法機關都是在規範市場，此等角色在現代經濟活動中，可說愈來愈重要。

規範或監管與發展乃一體兩面，兩者都能提昇經濟活動的品質，為國家帶來優勢和商機，競爭力大師麥克．波特如是教誨。有趣的是，在台灣仍有不少人把這兩者視為對立，可謂嚴重誤解。這可能也是我們的治理品質難以提昇的重要思想障礙。

尤其是在早年，在某些極端的自由經濟主張者眼裡，經濟管制本身意味著「必然為惡」，將帶來流弊。這種「市場機制 vs. 國家管制」雙元對立的思維，對現代高度精緻的經濟社會運作體系來說，不僅過時，且會產生後遺症，危害政策思考。提問方式應該改為「適當管制 vs. 過度管制」比較貼切。

知識　有用的經濟學知識

經濟學有什麼用？除了早年家人對我的關心提問之外，近來好像也有愈來愈多人對這門學科究竟能做什麼失去信心，據說現在願意投入經濟學領域的年輕學子，至少在數量上已經大不如前。

也許這和經濟學後來的發展走向和現實日益脫節有關。數理模型愈發精練、純粹的結果，形同拒絕和一般大眾對話；加上台灣經濟學的學術環境，嚴格來講並不特別鼓勵本土議題研究，以致經濟學者在公眾領域的角色逐漸模糊。以二〇二三年台灣發生嚴重的雞蛋荒為例，當大家莫衷一是的時候，可曾看到來自經濟學者簡潔有力的發言，跟大家說明或指出問題的癥結究竟在哪？

即使如此，我仍然覺得這是一門有用的學科。只需概念清楚，稍加應用即可對社會有所貢獻。

多年前在一次餐會場合中，擔任經濟合作暨發展組織（OECD）競爭政策委員會常任主席的傑尼（Frédéric Jenny）曾告訴過我，在他和法界的人密切打交道之後，回頭來看經濟學，更加覺得這是一門擁有相對清楚判斷標準的社會科學。如果我的領悟沒錯，傑尼博士講的應該就是經濟效率（efficiency）。

傑尼本人既是法國知名的經濟學家，更曾被遴選擔任法官，他對經濟和法律這兩大學門的交鋒、結合和運用，體會確實相當深刻。

曾有一次在公平會的委員會議上討論一樁多層次傳銷的案件，乃針對贈品和商品相同時（例如買一送一或買六送一），如果傳銷事業和傳銷商之間的買賣不成辦理退貨退費，該如何處理比較合理？這個案例雖小卻很經典，尤其因為和市場交易的遊戲規則與經濟效率有關，我特別在意。無論如何，能用專業推動公務和提昇執法品質，帶給我很大的成就感（詳文末我的不同意見書）。

記得在討論過程中，我一度脫口而出：勿以惡小而為之。還不忘賣弄這是劉備對阿斗的交代。當時感覺現場的氣氛突然凝重起來（彷彿被牛虻叮了一口），我趕緊解釋說，這裡的「惡」尤指經濟學上的效率損失，未必與道德瑕疵有關。

法律上，應注意、能注意而不注意，謂之過失。在經濟學上，應產生、能產生而沒有產生的商品、服務或滿足，則被稱為「無謂損失」或「淨損失」

（deadweight loss）。這是一種真正且實質的損失，也是經濟學家看待資源浪費、甚至奢侈的獨特方式。如果想要深刻瞭解經濟學這種語言或有機會和經濟學家對話、爭辯時，認識這一點很重要。

十七、十八世紀盛行於歐洲的「窗戶稅」此一典故很傳神，同時可用以說明無謂損失、誘因機制、非預期後果或第二輪效應（政策立意良善但結果未必如此、政策獲益者和後果承受者未必相同），乃至有選擇的地方就有經濟學這些重要且有趣概念。

歷史上英國、法國、西班牙、德國等國曾依建築物窗戶多寡做為課稅基礎，坊間不少屋主索性將窗戶封閉以逃避交稅。房屋從此採光更差、空氣未能好好流通，這部分就是經濟學真正在意的效率損失。

無謂損失最極端的例子是塞車，因為沒有任何人因此得到好處。而在窗戶稅的例子裡，即使政府最後收不到原訂稅額，至少仍有部分稅收可拿。此外，集體行為中的軍備競賽（arms race）也會導致無謂損失，出於恐懼大家競相耗費龐大資源從事武器競賽；不必要的廣告支出也是一種無謂損失，尤其是在網路世代，更加肥了Google和臉書等跨國科技巨擘；最後，台灣過高的房地產價格對整體社會來說，其實也已造成巨大的無謂損失。為了買得起房子，世世代代都必須犧牲休閒娛樂和其他個人發展的可能性。

一九七五年，美國經濟學家傅利曼（Milton Friedman，一九一二年—二〇〇六年），出版了一本名為《天下沒有白吃的午餐》（*There's No Such Thing as a Free Lunch*）的著作，當時由於主張自由放任經濟出名的傅利曼的聲望如日中天，加上此書台灣也有翻譯，這句話在台灣非常流行。

天下沒有白吃的午餐的意義在於，由於資源具有稀缺性，但眾人目標很多必須競逐，若按照某人喜好重新分配財富，必然導致另一人相應損失。這個概念與柏瑞圖效率（Pareto efficiency）或稱柏瑞圖最適（Pareto optimality）相同，亦即在經濟學中沒有煉金術。凡事都必須付出代價，不可能平白無故或免費取得資源，特別是表面慷慨的措施或福利政策。

這裡簡單介紹一下什麼是柏瑞圖效率。意即如果已經不能藉由資源重分配來增加社會中任何一人的福利，想增加某人福利的唯一方法就是減少他人的福利，隱含社會福利水準的增加已達效率極限。

在現實生活中資源總是稀缺的前提下，我們很難和傅利曼爭辯這個概念的對錯。然而，我自己更欣賞的是另一位同樣摘下諾貝爾經濟學獎桂冠的謝林（Thomas C. Schelling，一九二一年—二〇一六年），特別是他對經濟學家、學術界、公職人員，乃至商界人士的期許和鼓勵：努力去現實世界中發現或創造白吃的午餐。

謝林在他一九九五年的文章〈經濟學家知道些什麼？〉（*What do Economists know?*）裡提到，經濟體系中到處瀰漫非零和賽局，或被迫深陷不具效率的均衡裡，所以反而存在很多「柏瑞圖改善」的空間或免費午餐的機會。

● **經濟學小辭典**

零和賽局（zero sum games）：我方得益，即是對方損失，例如下棋、賭博。

非零和賽局（non-zero sum games）：全體參與者可同時得益或受損，彼此競爭但存在合作空間。例如貿易、囚犯困境和藝術創作。

柏瑞圖改善（Pareto improvement）指的是，如果資源重新分配，能使某人福利增加，但沒有人的福利因而減少，表示社會福利水準提高。很顯然，此時不生公平問題。

但我們應該怎麼做呢？謝林提出幾種解決方向，包含：去識別各種（政策）變動的淨損失或利弊得失；去探尋、消除那些對互惠交易機會的限制；克服市場失靈，並創造各種人們需要的市場。

技術創新擴展了我們的生產可能邊界，而經濟學家能夠在現有的邊界內幫忙找出我們目前所處的位置；幫助判斷是哪些因素阻止我們抵達此一邊界，甚至協助提出各種制度變革方案，以期讓我們更接近這個原本可達到的生產邊界。

這就是我們運用經濟學所要做的事情，謝林如是說。

過去這些年來在公平會參與執法過程中，針對政策所做的主張，就個案所做的評價，尤其是當未能說服其他委員而意猶未盡時，所寫下的多份不同意見書，全都扣緊這個信念：幫台灣社會找到更多的白吃午餐。

每每想起但丁《神曲》裡的地獄（放棄希望的地方）和煉獄（收留良心未泯且等待洗滌的靈魂，做為從地獄到天國的中繼站）。但丁地獄的第一層專放騎牆派和嘲笑奮鬥中的人之罪魂。有趣的是，第四層裝有兩派不斷地以巨石互撞（血肉模糊、周而復始）的人馬，一邊是貪婪的人，另一邊則是揮霍浪費的人。「你為什麼浪費？」、「你為什麼吝嗇？」更成了雙方在冥河波濤洶湧中彼此叫陣的口號。

曾經突發奇想，是不是也來仿造但丁《神曲》加蓋幾座虛擬的政策地獄和煉獄。放的不是那些買LV或愛瑪仕包包、甚至豪華遊艇的人，而是有權力、知識和作為義務卻選擇不作為而錯失良機的人。如果真能稍稍減少這個世界的無謂損失，我會很樂意這樣做。

勇氣 不怕尷尬的勇氣

喜歡德國大文豪歌德《浮士德》的人很多，列寧和李登輝前總統也都是忠實粉絲。據說列寧被帝俄放逐西伯利亞時，在所帶不多的細軟裡，就放了這本書。根據李登輝前總統的說法，書中洋溢的理想主義、人類愛和知識的性質、起源及範圍（認識論）很吸引他，特別是高舉人應透過永不停止的實踐和追尋，做為向上提昇的動力。

隨著年紀增長，我愈發覺這部詩劇中呈現的善惡、虛實、美醜、小我世界和大我世界的對立，以及許許多多的雙元性，都教人深深著迷。特別是歌德歌頌了作為遠比不作為更可貴，即使作為可能會出差錯這件事，更是一絕。

「人只要奮鬥，就會犯錯」（der Mensch irrt, solang er strebt）、「寧可大概的對，也不要準確的錯」、「模糊但高貴的衝動」。歌德這些充滿哲思的美麗詩句，世世代代不知鼓舞、安慰了多少人們。

當爭議案件在你手中，當你提出好的論證，說理獲得贊同且正義得直時，那是什麼感覺？更多時候，面對和多數意見不一致的時候，也難免會心生是否乾脆從眾比較輕鬆的念頭。這時你可有扮演《捍衛戰士》裡的阿湯哥那種獨行俠（maverick）的勇氣？又或者，只是某種「神聖的顫抖」，自遠古時代留下來的基因在作祟，為了族群的生存而準備奮力一搏？

在合議機關裡，最需要什麼樣的勇氣？我覺得是那種不怕尷尬的勇氣。

最近美國人氣創作歌手泰勒絲有段話深獲我心。她在獲頒紐約大學榮譽博士學位時，對台下的年輕學子說：「擁抱尷尬。」

最早我是從《橡皮擦計畫》這本書看到如何面對尷尬的「論述」。行為心理學家特沃斯基（Amos Tversky，一九三七年—一九九六年）說，他發現人往往會因為怕尷尬或不好意思而付出巨大代價。Netflix的日劇《初戀》(*First Love*)影集裡，也曾有一段對白表現類似看法。那位愛慕女主角滿島光的計程車司機鼓勵她說：「堅持下去，即使旁人嘲笑你的生命姿態。」

從不怕尷尬到擁抱尷尬，確實很勵志。也許還可以這樣延伸呢，為了公共利益毋驚見笑。

如果用量力而為、明哲保身這類處事箴言做為衡量標準，我絕對不是一個聰明的人。但同樣也就是因為這樣的傻勁，甚至為了公共利益毋驚見笑的熱情，我在公平交易委員會這八年（二〇一七年—二〇二五年），也留下多筆安打紀錄。

競爭法領域有更多遠比我專業的人，但相信我的看法和經驗仍有可供參考之處。這份自信從何而來？除了累積多年的經濟學素養，也應和我的判斷準則向來非常清楚有關。

首先是公平會的「比較利益」所在，應在於充分發揮規範市場的角色，讓所有的市場交易參與者都更能明白行為界線，並擁有一個更穩定、透明、可預測的競爭環境。更重要的是，公平意識的價值位階遠比經濟效率要來得高。雖然由於公平的概念比較抽象，不如經濟效率來得具體、好衡量和容易操作，但如果在案件細節裡用心體會，仍然可以找到很大的實踐空間。

● 我的《不同意見書》：關於商品、贈品與再審之爭議

針對公平交易委員一七〇一次委員會議審議案二：有關八馬國際事業有限公司因違反多層次傳銷管理法事件，本會不服臺北高等行政法院一一〇年度訴更一字第六十四號判決提起上訴，經最高行政法院判決駁回上訴案。

審議日期：二〇二四年五月二十二日

我認為應該直接視為折扣來處理更有助於解決交易糾紛，而不是商品歸商品、贈品歸贈品，然後另請當事人走民事訴訟索回，因為這樣反而治絲益棼。

最後用簡單的算術結合一點粗淺的經濟概念，證明我的主張不僅無損於傳銷商的權益，同時也是最符合經濟效率的處理方式。

案件爭點：傳銷商向傳銷事業批貨，傳銷事業提供的條件是買六組商品送一組相同商品（一共七組），後來買賣不成，傳銷商退了其中五組商品，而傳銷事業在退費給傳銷商時，又該如何計算所退商品的每組單價？本會原處分認為，這第七組商品是贈品，並非一般商品，兩者不應混淆。

針對本會原處分，經台北高等行政法院判決本會敗訴、最高行政法院駁回本會上訴後，本次委員會議決議向最高行政法院提出「再審之訴」。個人認為，這並不是一個好決定，主要理由如下：

其一，再審有別於上訴，其條件更加嚴格，例如：適用法規顯有錯誤、判決理由與主文顯有矛盾（詳行政訴訟法第二七三條）。然而，業務單位所提再審理由，根本沒一項符合。

其二，如果法院的判決對本會類似案件的執法造成嚴重妨害，即使提出再審翻案機率微乎其微，本人也會贊成。但針對本案行政法院的見解（北高行的見解獲最高行支持）：「傳銷商附隨取得銷售標的以外之商品（即本案之贈品），本質上也是商品一種，排除贈品，難以簡明、有效地了解彼此權利義務。」核屬針對傳銷事業與傳銷商之間退貨爭議的定紛止爭，看不出對本會未來執法有何影響。

以下透過簡單頭腦體操，說明本會原處分的思維和立論，不僅不符合市場一般交易習慣，甚至額外增加爭端處理的交易成本。

不過，我必須自承，二〇一八年做成原處分的時候，我也參與其中，當時並未能察覺出其間奧妙。

為了容易說明起見，假設當初傳銷事業因此筆交易，從傳銷商手中拿到四十二元。文末附上圖表解析商品與贈品退貨爭議的數學試算。

	每組單價	傳銷商退5組 傳銷事業退費之金額	傳銷商福利狀態	說明與評價
傳銷事業做法	6(42/7)	30(6×5)	42 30＋12(2×6) ──手中2組商品，每組6元， 如果全退（全是商品）則得到42元	以相同商品組做為贈品，其實就是一種價格折扣。 符合一般交易習慣且最高行政法院認為有據。
傳銷事業可採另一個做法	7(42/6)	28(7×4)	42 28＋14(2×7) ──手中2組商品，每組7元 如果全退（6組商品、1組贈品）則得到42元	符合本會見解：商品是商品、贈品是贈品。 傳銷商退了5組，其中一組是原先贈品，毋須退費，亦即退費4組即可。
本會主張	7(42/6)	35(7×5)	42＋額外1組贈品（但處於不確定狀態） 35＋7(手中1組商品)＋手中一組贈品	傳銷商手中還有2組，其中一組是贈品，傳銷事業可依民法要求傳銷商返還。看似保護傳銷商但不符一般市場交易通念且徒增交易成本。 而且脫離現實，因為系爭商品的經濟價值不高，一旦出現爭議，應該不會有人因此走民事訴訟。甚至可能造成傳銷商先批貨、再退貨之套利空間。

【算數有用】商品、贈品與再審之爭　吹皺一池春水？（資料來源：洪財隆）

二　Google跨越反壟斷法紅線：解讀梅塔法官判決對台灣的意義

兩年前在公平會舉辦的一場競爭法學術研討會上，有位日本京都大學的教授對我有一道提問，讓我當場為之語塞，耳朵甚至微微發燙。

「面對Google、臉書等跨國科技巨頭，請問您們有誰或哪一套法令，來保護台灣在地的新聞內容供應者、出版商、App開發商、廣告協力廠商，以及消費者數據資料？」

兩年過去了，日本教授的問題恐怕還是不好回答，只能說可惜我們的政策注意力尚不及此。數位叢林中，大家自求多福。不過在二〇二四年八月，美國聯邦法院法官梅塔（Amit P. Mehta）針對Google「一般搜尋引擎」違反美國反托拉斯法（雪曼法）的裁決，不僅具有劃時代和指標性意義，更對全球有效規範數位平台這件事帶來助力和曙光，影響極為深遠。

為什麼說梅塔法官這份裁決具劃時代意義？

自一九七〇年代以來，美國的反托拉斯政策主要受到芝加哥學派影響，對企業的擴張策略和經營手段多半採取寬容態度，除非企業因此提高價格，讓消費者荷包縮水，不然美國官方不會輕易提告。但由於「資料換服務」（service-for-data）正是Google這些平台的商業模式，使用者表面上並沒有付出貨幣價格，所以傳統的競爭法思維往往以找不到明顯的競爭傷害為由，縱放科技巨擘。而本案無疑是個轉捩點。

Google壟斷搜尋引擎市場

在本案中，梅塔法官採信美國司法部和其他三十八個州檢察官的聯合起訴理由，認定Google在「一般搜尋引擎」市場具有壟斷地位，根據調查佔據了九成的網路搜尋使用。但真正違法的關鍵在於Google的行為濫用此一壟斷地位。違法證據則是在二〇二一年，Google支付一百八十億美元給蘋果公司，另外支付約八十億美元給手機自造商三星以及Mozilla的火狐等網頁瀏覽器，做為把Google搜尋列為預設選項（option by default）的代價。

法官認為，雖然使用者仍可選擇將預設的搜尋引擎改用微軟的Bing，但Google此一行為已具有相當的排他性，並足以繼續維持或進一步鞏固其壟斷地位。這部分可就不像Google所辯稱，他們的搜尋引擎之所以被青睞，全都是因為自身本事高強或服務品質較優而來。至於限制競爭所產生的傷害對象則包括一般搜尋引擎的競爭對手，以及消費者因此未能享有的整體創新服務和利益。

從美國聯邦法院這份長達二百七十七頁的判決書中，不難看出法官在精妙的法理之外，猶見豐富的經濟思維（和這位印度裔的法官大學主修經濟學有關）。例如預設選項具有排他性的理論基礎，來自行為經濟學概念中的「現狀偏誤」（status quo bias）。一般人會把現狀當成決策參考點，也會擔心偏離現狀後產生的損失和不確定，因而傾向維持現狀。也就是說，人們只要在現實世界中增加一點點不便，事情結果將大不同，所以Google搜尋引擎做為預設選項的優勢非常明顯。以手機為例，我們通常不會另外花時間再去下載其他搜尋引擎。

這起案件由於判決的論證嚴謹，例如法理上依循過往的微軟案判例並盡量採用對Google有利的事證，也就是退一步言的保守論證方式，再加上美國的司法制度流程複雜，專家媒體研判谷歌翻盤的機率可說微乎其微。下個訴訟程序已聚焦在如何處分此一違法行為，選項則包括罰鍰、特定行為禁令，甚至進行企業拆解。

由於梅塔法官在判決文中已明白揭示，問題的癥結在於Google的數據整合和使用優勢（尚未及於隱私保護），如果真要對症下藥的話，要求Google開放資料庫給競爭對手，甚至分拆旗下的Chrome瀏覽器或Android作業系統，都是可能選項。

無論結果如何，本案確屬美國反托拉斯當局（聯邦層級由司法部和聯邦交易委員會主責）的一大勝利。最近聯邦交易委員會針對Google是否涉及「數位價格差別待遇」，也已立案展開調查。除此之外，目前美國政府正在起訴的網路大咖尚包括亞馬遜、蘋果和臉書（Meta）。Google案件形同美國司法部門對行政部門加強馴服這些科技巨擘的企圖，開了個大綠燈。最後的處置方案為何，也將對如火如荼發展的生成式ＡＩ搜尋技術、雲端服務和生態，乃至科技巨擘之間的競爭與結盟，造成可觀影響。

數位廣告製造可觀收入

更重要的是，美國聯邦法院這次處理的案件是「一般搜尋引擎」，下一件審理的重頭戲顯然就是「數位廣告技術」（ad tech）市場。前者只是手段和工具，後者才是真正的甜頭大賞，更是深水區。以二〇二一年為例，為什麼Google會願意付出大約二百六十億美元的鉅款給蘋果和其他瀏覽器公司，只為換取將其搜尋引擎列為預設？答案在於Google在那年度把全球使用者的數據，變現成大概一千五百億美元的數位廣告收入。

由於「數位廣告技術」的商機更龐大、利害關係人眾多，各主要競爭法機關早已磨刀霍霍。除了歐盟、英國和日本都分別立案調查，早在二〇二三年一月，美國司法部便對Google起訴。

美國司法部起訴的理由尤其值得我們深思。他們認為，Google在數位廣告技術的反壟斷行為造成的影響包括：一、排除競爭對手；二、削弱市場競爭；三、增加廣告成本；四、降低新聞出版商和內容創作者的收入；五、排除創新；六、衝擊公共領域的資訊和思想交流。

此次美國聯邦法院在既有法律體系下，認定Google違反競爭法的裁決對台灣的啟示為何？我認為有以下幾個。其一，原本的競爭法體系（亦即公平交易法）如欲約束跨國科技巨擘的行為，原本就足以發動，不必捨近求遠。換言之，執法機關是不為也，非不能也。

其次，面對跨國數位平台的執法，小國的優先考量通常和產業結構（攸關有多少交易對象或市場參與者）與消費者權益有關，不會無端生事。就Google而言，我們的競爭關切顯然不會落在「一般搜索引擎」，但面對數位廣告技術市場這顆球就不應該漏接。

一如回應那位日本教授對我的提問，我們對在地的新聞內容供應者、出版商、App開發商、廣告協力廠商，乃至電信運營商（跨國科技巨擘往往免費搭其傳輸管道便車）的利益，以及消費者隱私保護，都應透過競爭法機關的積極立案調查，以期有所平衡和匡正。因為這裡有極其嚴重的權力和議價能力不對稱，無謂造成數位佃農不可勝數。

最後，即使是芝加哥學派的大將，波斯納（Richard Posner）法官也曾說：如果你認為獅子已經吃了太多頭斑馬，那就應該想辦法蓋個籬笆，他們是不會自己蓋的。

專欄三

競爭政策、數據和隱私

公部門規範數位科技平台，有兩項責無旁貸的天職：確保公平與隱私。公平問題也許見仁見智，但數據使用（所有權）和更上位的隱私保護，毫無疑問已成為橫跨左右兩派學者的共同關切。

反烏托邦（dystopia）描述一種想像中非常糟糕而且可怕的社會，顯然是烏托邦（utopia）理想國度的相反詞。法國經濟學家、二〇一四年諾貝爾經濟學獎得主的提洛爾近來即預警，數位時代的數據整合和應用，如果未能好好規範，反烏托邦的情境將可能發生。

至於如何從競爭法的角度來看待數據現象或隱私問題呢？

競爭法旨在維持市場一定的競爭態勢（contestability）與保護消費者福祉。傳統的消費者福祉則不外乎商品或勞務的價格、選擇與品質，並沒有涵蓋數據運用問題或隱私權在內。然而，由於平台經濟興起，競爭、消費者保護、數據運用或隱私保護這三大領域都已相互交疊，因此有學者開始構思，或許可以把對數據運用或隱私保護視為消費者福祉中的「品質」。

可以說，和競爭政策相關的隱私議題方興未艾，但我們所知仍相當有限。倒是有幾個論述和發展方向值得一記。

首先是關於隱私保護（政策、顧慮）如何影響競爭。針對隱私保護更嚴格的法遵要求有如一種固定成本，由於大型的數位科技巨擘資源豐富，此時反而對他們比較有利，相對不利於中小型企業。

另外則是競爭政策如何影響隱私保護。讓個人數據具有更大的可攜性和相容性等要求，有時候反而讓個資更加暴露，不利於隱私保護。最後，在全球的競爭法機關裡，這部分要屬德國走在最前面。德國不僅陸續修改其競爭法，更在二〇一九年藉由處分臉書一案，讓濫用市場力的競爭法概念和歐盟的一般資料保護規定（General Data Protection Regulation, GDPR）有所連結。

三　執法不足：數位平台上有佃農？

人有自由，卻常假裝沒有。

——法國哲學家沙特（Jean-Paul Sartre，一九〇五年—一九八〇年）

在研究民粹主義的時候，我發現很常出現的英文字是Backlash（反撲），尤指社會中未被主流政黨和媒體代言到的一群人，由於滿是憤怒，不知不覺間成為「喧囂的少數」。這和早年美國前總統尼克森的「沉默的多數」名句，剛好形成對比。

二〇一八年，倫敦金融時報選出當年度的代表詞是Techlash（科技抵制、科技槌打），則反映人們對數位科技巨擘全面滲透生活和隱私的不安，晚近更有工作被ＡＩ取代的生存焦慮。

至於為什麼會在這個時候出現這個代表詞呢？這裡倒是有一條線索。從二○一七年，投放在以Google和臉書為主的數位廣告金額，首度超過所有紙媒和廣播電視等傳統媒體的總和。這意味著數位化對人類社會的各方面影響，無論是強度和密度都已到達轉捩點。

二○一九年，哈佛大學教授祖博夫（Shoshana Zuboff）透過著作，更讓「監控資本主義」（surveillance capitalism）一詞成為流行術語。她認為，Google等科技巨頭為廣告商提供更有效的廣告方式，成為一種能夠創造出龐大收入的經濟模式，背後其實是因為整合並監控豐富且多來源的個資，有如榨取「使用者的行為剩餘」。這些數據將有如免費、逐漸成熟的原物料，乃透過人們無從得知的演算法加以收成

近來左派經濟學家、前希臘財長瓦魯法克斯（Yanis Vardoulakis）的《雲端

封建時代》一書出版，顯然又為數位串流平台和社群媒體的角色添增新觀念。雲端封建或科技封建的意思就是「數據殖民主義」（data colonialism）。

如今，不僅傳統概念中的「市場」被「領地」取代，原本掌握權力的傳統資本（機器廠房設備等）所有權人，更已淪為新封建君主階級（雲端或平台所有權人）的附庸。那些科技巨擘有如外來領主，全球廣大的線上、終端使用者則像極了迫於無奈或自願為奴的佃農。佃農也者，「終年辛勞不得一飽」，投入和產出不成比例，最嚴重的是毫無自主性。

如何馴服這些巨獸的呼聲四起，目標是讓他們的行為更負責任，並為一般民眾帶來真正福祉。以競爭法機關為首，扮演人民福祉看門狗角色的政府監管部門也跟著甦醒，對科技巨擘的調查和處分轉趨積極。

從價格（price）到權力（power）

大家逐漸意識到，數位平台的主要問題不是表面上往往免費或低價的價格問題，而是其挾帶巨大的市場力（支配力、壟斷力）引發的權力不對稱，尤其是失衡的議價能力和可能因此失去的公平性。

根本理由在於，在平台經濟時代「價格」往往不是不存在，就是其意義和運作方式已經和傳統商品市場大不相同。這時候如果仍沿用過去那套「是否影響消費者荷包」的觀念準則判斷行為是否違法，那就無異於古時候刻舟求劍的那位楚人。

歐盟向來高舉公平競爭理念，過去十年來，歐盟的競爭法機關在競爭事務執委韋斯塔格（Margrethe Vestager）的強勢領軍之下，對科技巨擘毫不手軟，並在二〇一七年率先出手。歐盟執委會認為Google搜尋引擎利用演算法，導出偏好自家購物網站（Google Shopping）的搜尋結果違反歐盟競爭法，除了要求行為改正之外，更處以二十四億歐元罰鍰。這項裁罰算是歐盟這邊的劃時代案件，並獲得歐洲法院終局支持。

相對於競爭法屬於「事後處分」（結合審查例外），歐盟則在競爭法之外，訂出具有屬於「事前管制」效力的數位市場法（Digital Markets Act，DMA），在二〇二三年正式生效。依法被列為守門人的科技巨擘必須承擔更大的行為義務，目前計有Google（母公司Alphabet）、臉書（母公司Meta）、亞馬遜、蘋果、微軟、抖音和Booking.com等七家數位巨頭被視為守門人。

數位市場法的規範方式類似能源、電信和金融等特定產業或部門別管制，而它和競爭法最大的差別在於毋須證明案子相關行為具有反競爭效果。

除了因應歐洲經濟整合的要求，建立「單一數位市場」的考量（含科技巨擘選擇低稅率國家如愛爾蘭的租稅套利問題），歐盟的數位市場法另有產業發展戰略思維。藉由要求這些守門人開放平台給其競爭對手（例如音樂串流Spotify等應用程式下載）或禁止自我偏好（偏袒自家的商品或勞務）等措施，歐盟得以協助規模較小的企業找到夾縫脫離科技巨擘的控制，伺機進入市場。

針對數位平台議題的治理模式，美國和歐盟的做法各有千秋，他們的經濟規模或國力也遠非台灣可以比擬，平台產業發展生態更是差別甚大。所以來看看近鄰日本的因應對策，可能更務實些。

日本主採軟性執法

如果說歐盟採行的是重搥（heavy touch），日本則走軟性執法（soft touch）路線。首先由內閣層級推出數位因應戰略，各部會接著分進合擊。一方面設置規範架構，先要求平台「自願配合」定期申報相關資訊，另一方面則由其競爭法機關主動立案調查，最終目的不在於裁罰，而是在過程中迫使數位平台做出改變或調整商業模式的承諾。

以二〇二一年日本實施的特定數位平台透明性及公平性提昇法案為例，主管機關即為經產省（METI）。這部法案顧名思義，要求更透明公平的線上交易資訊，看似負擔輕盈卻成果斐然。不僅改善在地App開發商等電商利益，更發揮協助打詐和處理假訊息等功能，尤其針對名人和公共人物的虛假廣告。

此外，日本在二〇二四年完成「智慧手機應用軟體之競爭促進法」立法，明確規範Google和蘋果等科技巨頭的若干行為。特別是智慧型手機上的第三方App和支付系統，更是主要關切所在，一旦出現違法限制，將以巨額罰款伺候。

這部法律的主管機關是日本公平會，可說是歐盟數位市場法的東方迷你版，規管範圍和手段都相當節制。例如，即使明白一時做不到讓大型科技平台的演算法更加透明，至少可要求讓使用者轉換「預設選項」更加容易，而且平台業者有義務一開始就提供涵蓋各種瀏覽器的選項頁面。

再來看看南韓公平會針對數位平台議題在忙些什麼。打基礎的事很重要，和其他競爭法機關一樣，韓國的公平會每年都會進行數位產業調查，以期發現問題所在。後來韓國雖然放棄訂定類似歐盟數位市場法的事前規範途徑，但也允諾將透過修訂競爭法來強化規範數位平台。尤其是在避免演算法操縱自我偏好、搭售行為、限制多棲（multi-homing）和最惠待遇條款（MFN）這幾大領域。法規治理架構方面也逐漸完備，早已實施且比較知名的計有App市場法

（電信管制機關）和電子商務消費者保護法等。

數位佃農的數目由公平會決定？

周星馳的電影《武狀元蘇乞兒》片尾有一橋段，頗耐人尋味。在皇帝賜給星爺飾演的蘇乞兒丐幫幫主身份時，不免憂心丐幫弟子太多，恐有礙執政，因此要他正視這個問題。不料蘇乞兒卻把問題丟回去並說道：「丐幫有多少弟子不是由我決定的，而是由皇帝您決定的。如果皇帝勤政愛民（英明神武），使得國泰民安，鬼才願意當乞丐呢。」乞丐的數目真的是皇帝決定的嗎？這個提問很有意思。

常在想，如果台灣的競爭法機關（即公平會）更積極執法，我們目前所面臨的各式各樣現代佃農問題——遍及數位廣告、零售通路與圖書出版各產業，是不是可稍稍緩解？

可惜台灣在這方面的辨識能力和規範意識都還很欠缺，看不到任何系統性的因應策略，以致不僅未能好好保護該保護對象，面對新興議題更是錯失摸索、經驗累積和能力建構的機會。

反抗特定作為比較容易，對抗不作為比較困難。

●我的《不同意見書》：關於「數位經濟競爭政策白皮書」

針對公平交易委員會第一六二八次委員會議審議案一：有關本會撰擬「數位經濟競爭政策白皮書」草案。

審議日期：二〇二二年十二月六日

可惜這是一份努力畫龍卻未點睛的政策白皮書。如果只是學究、學術觀點，大可說見仁見智，但一旦做為競爭法主管機關的正式文件，則大有問題。

其一，分析思維落伍。

白皮書主要仍以傳統產業思維看待數位經濟，尤指跨國科技巨擘的商業模式。例如：談到科技巨擘的市場力問題，仍以「可競爭市場」（Contestable market）理論掛帥，認為只要市場參進容易（但談何容易）或技術變遷快速，競爭自然能夠有效抑制現有科技巨擘的壟斷力。亦即相信市場可「自我修復」。

這顯然與事實不符，且背離當前學界多數見解。因為巨型平台透過網絡效應和演算法數據取得大量數據的競爭優勢（生態系統），往往能夠顛覆整個市場，結果就不再只是額外獲得市場份額。

其二，刻意標榜競爭中立、價值中立，形同忽略國內利害關係人的利益，甚至導致偏袒跨國科技巨擘。

由於科技平台掌握大數據和高度不透明的演算法等優勢，交易過程中往往已經產生議價（談判）能力失衡和不公平競爭。此時政府監管機關的執法態度如果不夠積極，很容易造成管制真空的局面，並嚴重損及國內諸多利害關係人的利益，包括新聞內容供應者／出版商、App開發商、在地廣告協力廠商，以及消費者。

另從台灣的產業特性來看，能夠和科技巨擘處於直接競爭的事業（活動）

可謂鳳毛麟角。在這種情況下，單單從傳統的產業競爭角度切入，「保護競爭等於保護消費者（反射利益）」的論述就會出現盲點。彌補之道則是高舉廣義的消費者權益（購買力、品質、選擇權力），做為競爭法捍衛的對象，否則執法容易趨向「自由放任」（**laissez-faire**）。

其三，因為缺乏上述政策價值支撐，加上分析思維落伍，所以從這份數位經濟競爭政策白皮書中，當然就看不出任何有意義的政策偏好和方向，導致機關角色認知模糊。

四　過度執法：求其生而不可得

對槌子來說，什麼東西看起來都像是釘子。

——西班牙諺語

就像心理學家往往透過幾道簡單問答來推測人格類型，經濟學家也能這樣做，其中要以「市場自我調節能力強不強？」這個問題最具識別性。那些相信市場即使面對各種外在因素衝擊（例如技術進步、消費者偏好改變等），仍然可以快速恢復均衡的人，多半會傾向支持小政府或寬鬆執法；相反地，如果認為市場機制不那麼靈光，亦即價格做為資源配置的指標，或做為調整市場供需均衡的速度未如理論模型所預測，通常也會比較贊成公部門應扮演更積極的角色。在競爭法的脈絡下，甚至可做為一種有效反制大企業的力量。

在面臨實際個案時，執法立場究竟應該寬或嚴？這個時候，就會面臨古人所說「善未易明，理未易察」、「過猶不及」的困境，並期待斷案時務必做到勿枉勿縱。如以現代統計學術語來做描述，則由於事前資訊不足，永遠存在型一錯誤（Type I error）或型二錯誤（Type II error）的兩難取捨。

型一錯誤即偽陽（false positive），意指看起來有這件事，但實際上沒有這件事。類似中文的冤枉，亦即過度執法。後遺症是傷害無害的商業模式和創新。

相反的情況則是型二錯誤，亦即偽陰（false negative），看起來沒有這件事，實際上卻有這件事，也就是中文語境的縱放。很明顯是執法不足。後遺症則是未能制止妨害競爭的行為，甚至直接減損影響消費者福利。例如公平會面對跨國科技巨擘和國內零售通路集團（超市、量販），都算是執法力道不足。

同業公會與聯合行為

過度執法的苦主案例非同業公會（公協會）莫屬。這幾年下來，看到各行各業的同業公會屢屢被指控涉及不法聯合行為，他們的理事長們也紛紛到公平會說明緣由。這和公平交易法第十四條第四項規定有關：同業公會或其他團體藉章程或會員大會、理、監事會議決議或其他方法所為約束事業活動之行為，亦為本法之聯合行為。

競爭固然帶來各種好處，但競爭本身卻是一件痛苦的事，而且免不了一定會有贏家和輸家。從事競爭的廠商之間如能透過協議和安排來規避競爭，甚至提高價格，那該有多好？一般把這種密謀或勾結稱之為聯合行為或卡特爾。

不過，如果想要瞭解何以絕大部分的競爭法機關都對聯合行為高度警戒，以下這段話也許有幫助。

經濟學之父亞當．斯密曾說：「即便為了消遣娛樂，同行的人也很少碰頭。

如果真的聚在一塊，結局不外乎對公眾不利或密謀抬高價格。」不過，向來相當重視個人自由（用自己的方式追求個人利益）的亞當・斯密，倒是沒有說企業這種串通行為一定違法。還好現在有競爭法機關（公平會）來負責認定。

話說回來，公平會緊盯同業公會，違法類型要以訂定收費標準或價目表最普遍。更由於涉及價格，所以除非有法源豁免，通常都會被公平會調查處分，要求改正行為並處以罰鍰。

另外常見的情況就是該行為具有「行政屏障」，亦即該產業屬於高度管制產業，且其目的事業主管機關平時即有相當的管制約束或涉入（engagement），此時對明顯配合政策目的的同業公會作為，公平會也會比較寬容，例如雖然認定其行為違法並要求改正但不處以罰鍰。至少我是抱持這種態度，畢竟對國家經營來說，競爭價值只是其中一種。

就目前國內的法制而言，經過公平會歷年努力做「競爭倡議」，包括專門職業的同業公會在內，擁有法源得以豁免公平法聯合行為評價的業務，碩果僅存的大概就屬建築師法和獸醫師法。例如建築師法第三十七條規定，「建築師公會應訂定建築師業務章則，載明業務內容、受取酬金標準及應盡之責任、義務等事項。」

可以說建築師在台灣是天之驕子，但其兄弟土木技師和結構技師們就沒有這麼幸運和如此待遇了。過去這幾年下來，土木技師公會屢屢因訂出包括耐震能力、危老結構評估等公共安全檢查的收費標準，而被公平會處分。根本原因就是酬金標準這件事雖曾進入技師法，然而後來卻經修訂予以刪除。

比較有趣的是獸醫師法的規定和農委會（現農業部）的解釋，共同造就出另一種規範景觀。雖然就收費公會訂定收費標準來說，獸醫師法和建築師法並無二致，但農委會進一步引動物保護法規定：「飼主對於受傷或罹病之動物，應給予必要治療」，做為正當化獸醫師法訂定收費標準的理由。特別是考慮到獸醫師、飼主及動物之間所形成的醫療市場，因存在高度「資訊不對稱」特性導致市場失靈，如果獸醫診療機構擅立診療費用或漫天要價，可能造成飼主必須多支付費用或動物延誤就醫，根本無法好好保障飼主權利和動物福利。

現行的作法是由在地縣市獸醫公會擬定診療費用標準後，報請在地直轄市或縣市政府主管機關核備，所以仍有行政部門予以把關。加上所擬定的費用標準通常帶有一定區間，市場仍不失競爭性，在我看來不僅已經兼顧各方利益，更是個絕佳範例。

參考價目與公平會執法的尺度

強化市場競爭在大部分的情況下都值得支持，但如果不分青紅皂白，成為競爭單面向人，個人走火入魔事小，於國家社會發展事大。

所以每次遇到同業公會訂定參考價目表這種類型案件，處分或不處分之際，我總會有些掙扎。因為我知道，這個時候要考慮的未必是合理性或一致性，而往往只是其行業該行為有無法源加以豁免。

另外，這些行為固然表面上合致聯合行為的要件，而且似乎都是對消費者不利（尤其製造業或有形商品），但在某些情況下則未必如此。例如某些服務業很容易出現資訊不對稱、服務內容高度差異化，此時如果消費者在買單的時候能有價目參考表，反而比較不容易被廠商敲竹槓。

而且形式違法未必是實質違法，執法時如無此認知，難免冤枉錯殺，也就是前面提到的過度執法或型一錯誤問題。二〇二四年公平會處分了一件台北市公證公會的聯合行為：調整火災保險、水險、工程保險及責任保險之公證費收費標準。在我看來，這個處分恐怕就是個有盲點且錯殺的好例子。

價格之所以重要，不是因為價格這兩個字本身，而是因為背後的價格機制，亦即價格要能夠調整才有意義。

「保險公證費用已逾二十多年未曾調整」，身為經濟學家我對此化石價格的形成背景和荒謬現象特別感到好奇。更認為公平法執法應考慮產業發展實情和政策脈絡，否則做出的裁決將難以服人。除了反對處分台北市公證公會的聯合行為之外，當時並留下一份不同意見書，現置於文末，供大家檢視。我判斷，也接受判斷。

當然，如果哪一天同業公會的組成和治理品質被充分信任，亦即民間自治團體的活力、自主性和成熟度都到達相當層次，或許競爭法機關和同業公會之間的這種緊張關係可以獲得緩解。

話說回來，同業公會訂定參考價目表是一回事，但單純蒐集價格資訊又是另一回事。以美國來說，論者向來認為後者具有經濟合理性，根本不違反競爭法。但台灣卻將兩者混為一談，嚴加禁止公協會從事價格資訊蒐集，即使只是歷史價格（過往資料）也是如此，誠屬過度執法。這對公協會發揮民間團體的自治功能無疑是個傷害。

歷史學家唐德剛曾說，當國家很大、社會很小的時候，不是一件好事。公部門執法如何不傷到社會肌里和民間組織發展，確實是一大學問。

● 我的《不同意見書》：化石價格？關於台北市公證公會的聯合行為

針對公平交易委員會第一七〇六次委員會議審議案二：有關臺北市公證商業同業公會、高雄市公證商業同業公會調整火災保險、水險、工程保險及責任保險之公證費收費標準，並約束所屬會員遵行且不為價格競爭之行為，涉及公平交易法聯合行為規定案。

審議日期：二〇二四年六月二十七日

依公平交易法第二條第二項規定，同業公會所為約束事業活動之行為，亦受本法聯合行為之規範。就聯合行為的目的而言，係在相互約束事業活動，以達限制競爭的目的；就聯合行為的效果而言，須足以影響生產、商品交易或服務供需之市場功能。

本案經多數委員認定為不法聯合行為，個人謹表達兩點不同意見，且分別從上述構成聯合行為的目的與效果切入，和大家商榷。

公證費用乃由產險公司與保險公證人共同議定。台北市公證公會（高雄市公證公會亦同）此回大費周章、奮力調價，過程中且事先告知目的事業主管機關（金管會），可推測其行為主要目的並不在於積極牟取利益（如果調價頻繁則另當別論），而在於消極處理該產業因故所陷入的長期價格僵固性。除了法制變遷（早年報請財政部核定即可，亦可免責）、解除管制（自由化）卻無配套等不利因素之外，面對家數較少（全國十九家）且市場集中度較高（CR4＝五五％）的產險公司，保險公證人（二〇二二年全國九十家、低度集中市場、HHI＝六九五）幾乎毫無議價能力。此從保險公證費用已逾二十多年未曾調整，可見一斑。

再從行為的效果來看，案關行為是否「足以影響生產、商品交易或服務供需之市場功能」，也不無疑問。不法聯合行為之所以被強烈非難，背後的經濟邏輯在於其會直接導致「價格提高、數量減少或服務水準變差」等後遺症，嚴重偏離競爭性市場下的經濟效率或福利狀態。既然公證費用絕大部分可透過再保險機制，由國外公司吸收，按理對國內市場的供需條件不致產生實質影響。重點在於，本案的相關地理市場，界定為全國（國內），處分事由似有疑義。

五　競爭法如何促進社會公平？

每一張契約都有道德成分。

——亞羅（Kenneth J. Arrow，一九二一年—二〇一七年），一九七二年諾貝爾經濟學獎得主

二〇二四年五月，由於想要多方瞭解造成台灣低薪現象的結構性因素，特別是何以台灣的工會組織不易和功能不彰等問題，我特別邀了在「台灣勞動與社會政策研究協會」長期擔任執行長的老友張烽益餐敘，向他請益。

台灣近年來一方面經濟成長頗有佳績、人均所得表現更是突出，但另一方

面整體勞動份額（全體薪資占GDP比率）卻持續下滑。亮眼的經濟數據和庶民的實際感受，兩者之間落差不小。有人稱之為經濟成長和分配的大解離，本世紀以來也深深困擾著不少西方國家，甚至也部分解釋了民粹主義興起。

為什麼經濟成長和分配逐漸解離？這裡有全球化、科技進步、產業結構和投資型態變遷（例如智慧財產等無形資產日益重要）等共同趨勢，同時不乏特定在地因素。

出於推測，我向來認為如果台灣勞工集體談判和議價能力夠高，平均薪酬水準應該可以遠比現在更好。我問得很殷切，烽益也回答得很熱烈。

感謝老友花了一整個下午時間解答我的疑惑。首先為我詳加說明美國、日本、南韓和德國等重要國家的工會如何運作，特別是在工資形成方面所扮演的角色。然後提到台灣的工會發展的兩大困境：先天不足和後天失調。前者尤指戒嚴時期國家打壓勞工運動，卻屢屢以樣版工會取而代之等後遺症；後者則泛指規範工會的法制紊亂且不友善，以及搭便車或部分工會成員濫用權力等人性問題。

「如果台灣的競爭法機關，也就是您們公平會好好執法，對促進台灣社會公平應該很有幫助」。雖說我早有這種想法，但從具有高度社會意識和政策關懷的友人這邊再聽一次，感受特別深刻。台北的一個午後，美麗且珍貴的共鳴。

競爭法 vs. 經濟租：有效降低經濟不平等

所有的公共政策包括競爭政策在內，其實都是一種所得重分配。就市場交易來說，如果上游的遊戲規則（規範、制度）訂得公平且能確實執行，應可減輕在下游從事「所得重分配」的負擔。有時候甚至比政府補助更根本。所以說競爭法機關的角色，除了有效規範市場、促進經濟效率之外，也有降低經濟不平等的重要功能。

一般來說，經濟不平等有兩大來源。一個是生產力不同，主要來自市場競爭的結果，包括技術進步、全球化，以及教育程度或人力資本多寡。另一個則是「經濟租」（economic rents），以及隨之而來的「尋租行為」（rent-seeking），即不具生產性的財富轉移。

經濟租指的是實際付給勞工或資本等生產要素的報酬（早年的例子是土地），和讓他們繼續留在原來配置地方所需報酬，這兩者之間的差距。在完全競爭市場不存在經濟租，但只要市場的競爭程度不夠，或因為政府法令限制市場進入、形成保護，就會產生壟斷利潤和經濟租。

有些經濟租的來源，像是讓企業擁有專利權，就具有鼓勵創新的作用。但由於經濟租本質上不具生產性，加上很多人樂意額外投入資源來從事遊說、賄賂取得特權，以致在尋租過程不僅造成更多資源浪費，更會添增經濟不平等。此時，如果競爭法機關能夠公正執法並推出進步的競爭政策，避免市場力過度集中和濫用，就能有效減少尋租活動。

競爭法有助於建立更公平社會，另有一項途徑。一旦市場更加競爭，也等於是讓勞工擁有更多選擇機會，有助於提昇勞工的議價能力和薪資水準。

更重要的是，如果市場缺乏競爭或充斥聯合行為等反競爭行為，商品或勞務價格容易被人為推升，而低所得家庭將首當其衝。尤其是和生活必需品高度相關的食品、電信、交通、能源和藥品等產業，所受到的影響更大。

看門狗為什麼沒叫？

「案件發生時，狗沒吠才奇怪」，所以兇手應該就是狗非常熟悉的人。在柯南・道爾（Conan Doyle）一八九二年的短篇小說《名駒銀斑》中，福爾摩斯根據這一條關鍵線索破了全案。故事的寓意是：留意那些應出現但沒出現的線索，例如看門狗為什麼沒叫？

來公平會參與執法八年，深深發覺有兩個地方問題很大，不時聽到抱怨，卻沒什麼人敢出面正式檢舉。除了科技巨擘之外，另一個就是大型零售通路（超市、量販）。裡頭很可能存在極端的權力失衡，以致讓人噤聲？

問題是，競爭法上的權力指的是什麼？

如果企業力量過大或市場過度集中，將容易產生市場運作不具效率等後遺症，這時候問題焦點主要在價格扭曲或所謂價格問題。這是芝加哥學派向來強調的重點，大致上就是採消費者福利至上或經濟效率優先的看法。

然而，無論是價格的形成過程或市場互動後的結果，除非是完全競爭市場（產品同質、供給、需求面參與者眾多），否則必然帶有權力面向，甚至權力關係。

狹義的權力指的是市場力（market power），也就是壟斷力或支配力。主要乃以企業所提供商品或服務的市場占有率高低做為初步衡量指標。然後再考慮潛在供應商進入該市場的難易程度，以及是否存在國家法令保護等因素來做綜合判斷。

市場力除了代表著企業能夠榨取消費者剩餘（消費者願意支付價格和實際支付價格之差距）的力量之外，也等於企業相對於其交易對象（上游供應商或下游廠商）的議價能力。

至於廣義的權力則除了上述市場力之外，市場參與者（消費者、企業及其交易相對人等）掌握的知識、數據數量不一或資訊不對稱，在在都是權力發生和失衡的重要來源。更不用提那些來自商業遊說或政治力干預了。

無論是在貿易領域或競爭法、平台經濟或傳統產業，從價格到權力面向的研究，可說愈來愈重要。也唯有如此，看待競爭議題的視角才會更加完整。

「競爭最大的麻煩是會有人贏」，喬治．歐威爾曾如此戲謔地說。競爭同時也會產生贏家、輸家，這些都是再自然不過的事。然而，所謂「競爭法保護競爭，而不是保護競爭者」的說法，也只有在競爭過程確屬公平的前提下才成立。其中關鍵就在於關注市場參與者是否濫用其市場力和議價能力。此即公平競爭的真正內涵，更是競爭法要介入的理由。

上下游企業合作往往透過契約彼此約束

緊接著我們就來看看近年來國內大型零售通路（超市、量販）和其供應商之間的爭執，同時檢驗一下我的或大家的公平理念。特別是「競爭中立」和「契約能否排除競爭法介入」等古老迷思，也許都可以趁此機會稍加澄清。

在公平法（競爭法）規範的行為類型裡，要屬審理上下游事業之間的「垂直限制競爭」是否違法最具挑戰性。理由在於，這些具有供應鏈關係的事業，通常會基於互惠和合作動機，針對鞏固彼此商業關係這件事有所投資。以通路商為例，藉由廣告改善商品形象以利促銷，怎麼看都是極其正常的事，因為同舟一命，賣得好大家都會得到好處。

但通路商為了確保這些「專屬投資」（別無其他用途，成為沉沒成本）得以回收，通常會藉由契約安排，對其上游供應商或製造商提出要求或施加限制，比較常見的有「獨家交易條款」，以及後面會再詳談的「最惠客戶條款」（MFN）。否則，在得到該通路商支援之後的供應商或製造商，可能轉而尋找其他通路商合作，亦即出現搭便車（free riding）或機會主義行為。

通路商到底可不可以和其供應商簽訂協議來限制彼此行為？當然可以。但這些限制的深度（市場力、限制措施的幅度、競爭疑慮）應和專屬投資（對彼此和社會都有利）的規模相稱。同理，執法者也可以就這兩者的成本效益來做具體衡量。

主要由於生活和消費習慣改變，很多農工產品的銷售，愈來愈倚重在大型超市或量販店上架。近年來流通事業間彼此整合、併購更成為趨勢，以致市場家數減少，產業集中度擴大。在二〇二二年全聯併大潤發、二〇二三年統一併購家樂福（二〇二〇年家樂福併頂好）之後，目前國內零售通路市場形成全聯和統一這兩大集團。

然而，大型流通事業因為公平會同意其結合，導致市場力增加，對其上游供應商所添加各種「垂直限制」疑慮，此時理應受到公平會更嚴格地檢視。本以為這是一件天經地義的事，但顯然人世間並沒有這麼簡單。

以結合案審查為例，歷年來公平會在准駁此類型案件時，多將重心放在一旦不禁止結合申請，將會對消費者產生哪些潛在不利影響（例如提高價格等單方效果）；而對走向巨型化之後的流通事業，其面對上游供應商所額外增加的議價能力，公平會應該做什麼才能稍加平衡此一不對等地位，反而不見力道。雖然衡諸台灣當前此一產業實況，主要競爭疑慮不在價格提昇，而在於濫用新增加的議價能力。

這個時候，如果以通路商和供應商之間本來就有說不完的恩怨情仇為由，主張競爭法機關應維持「競爭中立」，或說他們彼此訂有契約，可見雙方皆出於自願，公平會沒有理由介入，顯然都是嚴重誤解。

競爭中立概念的原意，是要節制國營事業和私部門從事競爭的先天優勢，絕不是做為競爭法機關面對市場力遭濫用時，雙手一攤的藉口；另外，契約必須予以尊重，但有時候契約的內容和條款恰恰足以佐證雙方議價能力的失衡，特別是當大型通路商的市占率愈來愈大時，更隱含著供應商的選擇愈來愈少，更容易被通路商支配。

為何經年累月都有價格折扣？

從二〇二四年起，法國立法禁止超市就食品和日常用品進行不當削價促銷（頂多三四％折扣），例如買一送一等大家習以為常的促銷模式即在禁止之列；德國針對百貨公司的折扣行銷更早有定期限時規範。有趣的是，何以台灣的大型通路商除了三節和中元普渡之外，幾乎一年到頭都在從事價格折扣？

根據經濟學理的預測，寡占市場且產品同質的廠商通常不會輕啟價格戰，因為競爭對手勢必跟隨此一行為，最後不僅可能落得兩敗俱傷，而且騎虎難下。台灣的電信業曾有四九九之亂，從事手機通訊和上網吃到飽等劇烈價格競爭。後來發現這終非長久之計後，各家電信營業商紛紛想下車。中華電信與台哥大這兩家公司更因為想回復正常訂價而從事聯合行為，在二〇二三年被公平會處分即是殷鑑。

話說回來，何以台灣的通路商動輒從事價格折扣戰？或者，不少供應商、製造商紛紛視產品被促銷為畏途。為什麼會有這種怪狀發生呢？因為不少通路商會把價格折扣的絕大部分成本和風險都轉嫁給供應商。而這正是近來通路商和供應商之間最大的爭議所在。

通路商不時會選出特定「帶路貨」（loss leader）來招徠消費者，藉以達到整體銷售金額增加的目的。促銷期間的帶路貨勢必低價，有些甚至可能賠錢。

在商言商，這樣有什麼不對嗎？如果通路商和供應商之間訂有最惠客戶條款，很可能就會產生限制競爭疑慮。

以前研究國際經貿，弄清楚最惠國待遇（Most favored nation, MFN）等非歧視原則算是入門基本要求。最惠國待遇最早出現在十八世紀的外交關係中，一直到二戰前夕才正式進入國際經貿談判領域，其核心精神在於非歧視。例如只要是世界貿易組織的成員，其對外提供的任何較低的關稅稅率或更優惠的商務條件，其他成員都將自動適用。

這個概念很容易教人望文生義，產生誤解。因為最惠國條款只是要求比照比較好的條件，而不是更好的條件。就效果來說，僅僅是避免被差別待遇，何來最惠？由於自由貿易協定（FTA）排除最惠國條款，實際上反而比較接近最惠的意涵。

有趣的是，競爭法領域也有最惠客戶條款。事業藉此條款要求對方供貨給自己的價格，不得高於對方銷售給其他事業的價格，一般也稱為「價格平價條款」（price parity clause）。例如，常見於通路商和上游供應商之間的「跟價或補差價」協議。供應商或製造商做為賣方，一旦被發現賣給其他通路商買家更低的價格時，必須做出折扣或回補差價。

晚近此類案件主要則發生在數位平台，例如網路旅遊服務公司，但在台灣主要則見於大型零售通路（超市、量販）和其供應商之間。

最惠客戶條款的競爭傷害在於可能導致價格僵固性，因為供應商如果稍稍提供一點折扣給某個通路商，根據此條款也必須讓其他通路商適用相關折扣，於是不敢輕易降價或給折扣。這種商業模式未必違法，必須透過合理原則（rule of reason），就個案加以檢視。

二〇二三年，公平會決議不處分家樂福「以不當方式要求供應商配合跟價、補價差」。針對此事當時我寫了一份不同意見書，現在放在這篇文章後面供大家參考。

全聯的商業模式教人不安

就超市來說，二〇二一年全聯即以六四％的市占率穩居第一。如果從二〇二二年全聯併購大潤發量販事業後，連同量販超市一起看，全聯有三七％左右的市占率，仍居龍頭。統一集團則在超商部分遙遙領先，二〇二三年併購家樂福（量販、超市）之後，就量販、超市和超商整個零售通路來看，反而以接近三成的市占，超過全聯的兩成二。

屬於台灣本土企業的全聯，之所以能在以外資為主的零售通路產業表現亮眼，應與其展店佈局從都會延伸至鄉村、引進生鮮冷鏈，以及「挑戰最低價」

等策略奏效有關。

然而，源於前身為軍公教福利中心的傳統，全聯有七成以上的上架商品採寄賣制（賣完才算帳），形成特殊商業模式；一般通路商主要則採買斷或賣斷制（上架前即核算或結清進貨成本）。寄賣制此一銷售制度本身並沒有對錯，但因全聯標榜最低價並讓寄賣制和最惠客戶條款結合之後，就成了讓不少供應商苦不堪言的商業模式。

為什麼呢？因為在這種運作模式下，做為全聯的供應商，其供貨之後收入多少主要將取決於其他超市或賣場對該商品的訂價而定（全聯的挑戰最低價策略即以之做為訂價參考點），事先根本無法掌握。這讓供應商的業務經營處於高度不確定狀態，不難想像他們的不安。這些主要由供應商吸收的營運風險如無適當合理分配，未來全聯很可能仍會是公平會的常客。

然而，競爭法畢竟是經濟法，所謂違反競爭法（限制競爭）的意思未必是違反商業倫理，很多時候就只是因為夠大、市場力夠強，所以需要加以節制規範。企業在過去規模不大的時候，所採用的商業模式，如今在規模變大之後有可能不再恰當。這有如園藝修剪，競爭法的精神在於希望能多提供給其他植物一些陽光、養分和發展機會，維持有效競爭或保有某種開放性。轉念來看，經營成功的企業被競爭法機關盯上也算是一種榮耀。

最後，從積極的角度來看，無論是規模、產業集中度或經濟力都愈來愈強大的台灣流通事業，如果能對其上游的供應商（含生產商）有所投資，營造彼此互惠的商業關係，應可大幅減少被競爭法機關追究的風險。

● 我的《不同意見書》：關於零售通路的最惠客戶條款

針對公平交易委員會第一六六一次委員會議審議案三：不處分「家福公司（家樂福）以不當方式要求供應商配合跟價、補價差」一節，本人的不同意見及理由如下。

審議日期：二〇二三年八月九日

1.「最優惠客戶條款」(Most-favored-nation clauses, MFN）常見於上下游事業之間，故屬於「垂直限制競爭」類型，應採「合理原則」加以審查。審查重點則在於該安排是否對相關產品或地理市場產生反競爭效果。

「最優惠客戶條款」通常見於傳統零售通路，近來則由於平台經濟興起，反而成為主要案源。雖然性質有所不同，但原理類似。稍加整理一下各國對平台「最優惠客戶條款」的處理思維，對零售通路這種傳統模式的理解和解決，應有幫助。

歐盟地區在處理類似問題時，區分「廣泛最優惠客戶條款」(wide MFN)，亦即要求供應商提供給此平台的價格，不能高過給其他平台的價格，以及「狹義最優惠客戶條款」(narrow MFN)，亦即要求供應商提供給此平台的價格，不能高過自己直接銷售的價格。

他們認為，如果平台之間的競爭程度夠高，則只禁止「廣泛最惠客戶條款」，但允許「狹義最惠客戶條款」。亦即讓供應商在不同平台之間有價格差異性即已足，同時接受平台對其供應商有所限制，藉以回收平台對該供應商相關產品的特定投資（例如在平台上的廣告）。

然而，如果平台之間的競爭程度偏低，則除了「廣泛最惠客戶條款」之外，連「狹義最優惠客戶條款」也應禁止，因為此時讓供應商自己的直接行銷管道對平台構成競爭壓力，允為競爭法機關的優先目標。

2. 本案實情和本會決議主要理由

國內大型通路商普遍都有訪價、跟價或補差價等機制（最優惠客戶條款），只要被發現其他通路價格較低，就會要求供應商補進價差額。本案通路商則為家福公司，根據檢舉人的指控，家福公司以下架商品或不當退貨做為威脅，逼迫檢舉人接受此一安排。

然而本會認為，「依現有事證，家福公司採行跟價措施後，會與供應商就商品差價進行協商，並俟供應商同意簽回協議書後，始從下次貨款進行折抵，而訂單系統設定鎖檔或商品係數調整為零（形同下架），係因商品銷售狀況不佳，尚難逕認家福公司有以不當方式要求供應商提供促進價或配合跟價、補差價等情事」。

3. 本決議何以不當？

首先，《公平交易委員會對於流通事業之規範說明》第六點即指出，「流通事業如不正當限制供貨廠商給予其他流通事業之商品進貨價格或其市面售價，不得低於或等同其進貨價格或市面售價，或要求供貨廠商負擔與其他流通事業之市面售價差異金額，始與其交易，而有限制競爭之虞者，將違反公平交易法第二十條第五款規定」。

事實上，家福公司的行為已經合致上述規範說明（台灣的流通事業普遍都有類似作法）。

另根據本會以往審議「最優惠客戶條款」案件的見解，是否足以構成「反競爭」，判斷標準包括：最優惠條款適用期間是「同期」或具「回溯性」；最優惠條款的限制標的是批發價格或零售價格。

如果適用期間具有「回溯性」，限制標的是零售價格，則判斷所生限制競爭疑慮都較嚴重。家福公司被指控的行為類型剛好都是這兩種，本會按理應做出處分。

其次，不處分決議書以雙方曾有「協商」甚至達成「協議」，做為家福公司免責的主要理由，顯然混淆了「限制競爭」（市場不法）和「不公平競爭」（行為不法）的要件。本案違法類型為「最優惠客戶條款」，屬於「限制競爭」範疇，此時執法者該論的是家福公司被指控的內容行為是否該當此一行為類型，以及家福公司是否具有相當市場力或支配力，而不是雙方是否「曾協商或達成協議」。

再者，雙方雖曾「協商」，甚至達成「協議」，剛好坐實家福公司應已違反公平法第二十項條第五款之規定。以美國「雪曼法」為例，無論是在「最優惠客戶條款」（MFN）或「限制轉售價格」（RPM）的違法認定，前提都需要存在「協議或契約」，亦即必須存在所謂契約力，相關要求或安排才會被認為具有實質且有效之拘束力。至於以通路商與其供應商存在契約，而吾人不應過度介入契約內容與自由的說法，更是嚴重誤解競爭法的執法要義。

最後，本案其實是「最優惠客戶條款」的「變本加厲」版，不應該容忍。

如前所述，國內大型通路商普遍都有訪價、跟價或補差價等機制，亦稱「最優惠客戶條款」。這裡的跟價或補差價，比較基準應是供應商給不同流通事業的「進貨價格」。然而，本案卻是拿供應商給家福公司的「進貨價格」和其他通路商自行促銷該產品的檔期價格來做比較。例如：進貨價格一百元，原售價一百二十元，但其他通路賣九十五元，那麼家福公司就會要求供應商補五元價差給家福公司。這些促銷活動的決定未必和供應商有關，如今竟要供應商必須「補足差額」，可說荒謬之至。公平會卻決議不予處分，平白失去遏止此一歪風的機會。

六　公平會不思議

靈魂還是很重要。Always or sometimes.

——佚名

究竟應該如何看待自己過去這八年在公平會的經歷？

問問「得到什麼」恐怕是比較世俗的眼光，雖然這無比實際。而「成為什麼」，境界似乎更高遠些，隱含著學習、實踐和改變的可能性。這兩大生存模式其實也是人本主義社會心理學家佛洛姆的著名提問。

除此之外，如果問說這段公部門的寶貴經驗讓我「更瞭解什麼」，也很貼切。無論是對世界、對政策或對自己，都有更深的體會。

仔細回想，我和競爭法素有淵源。大學時代曾選修過蕭峰雄老師（時任職經建會，後改制為國發會）的產業經濟學，初識美國反托拉斯法或反壟斷法梗概，主要包括雪曼法（一八九〇年）、克萊頓法和聯邦交易委員會法（一九一四年）等。還記得蕭教授曾在課堂上介紹謝林的「聚焦點」（focal point）概念，意即人們在沒有溝通的情況下可能的選擇傾向，並問我們：「假如明天你要在台北跟一個陌生人見面，你會選擇什麼地點？」，有一機靈同學的答案是台北車站，而老師點頭稱是。

謝林後來在二〇〇五年獲頒諾貝爾經濟學獎，他對合作與衝突的研究，對人類截至目前得以避免核武戰爭貢獻極大，而聚焦點或謝林點概念更扮演重要角色。focal point的概念的確不好懂，有人以行為經濟學中的salience（亮點）與之相對，倒也是一絕。無論如何，每次看到這個詞就會想起蕭老師的那堂課。

就讀興大法商學院（現台北大學）經濟研究所的時候，更修習了國內產業經濟學的名家周添城老師的高等產業經濟學。價格、成本和產業（市場）集中度的關連如何，特別是產品是否同質更是關鍵，掌握這些核心概念，後來對我在公平會的案件處理和判斷，幫助很大。

經濟學在競爭法上的應用，有人誇張地說，某種程度反而挽救了經濟學。因為出世入世之間，得以證明經濟學真的有用，不再只是高不可攀的數理模型和抽象思考。我以過去八年在公平會這個競爭法機關的親身經驗，完全支持這種說法。

二〇一〇年到二〇一二年在我失業期間，曾有「眼前無路想回頭」（出自《紅樓夢》）的想法，意思是為了謀生，趕緊去找個尋常事做，不要再和國家政策周旋。幸好後來發展不是如此，而我過去所學更不致化為烏有。在感懷人生確實不可思議之餘，且來記述幾則過去這八年來教人印象深刻的幾件事和觀察。

關於價格敘事

言語會影響行動，個人與集體心理會產生作用。

二〇二三年全球發生嚴重的禽流感導致雞蛋荒，供需失衡的結果，雞蛋價格必然飆漲。政府為了抑止通貨膨脹並照顧老百姓，除了想辦法從國外緊急進口雞蛋之外，還透過補貼讓包括窮人和富人在內的民眾吃到便宜的雞蛋。在這種全球蛋荒時刻，不僅要確保雞蛋供應無虞，同時還承諾大家可以吃到平價蛋的做法，在我看來已屬過度承擔。

過度承擔雖然「政治正確」但絕對不是正確的經濟學和消費者教育，更是衍生後來事端的最大根源。怎麼說呢？經濟學原理告訴我們，當雞蛋供不應求，蛋價必須調漲才能一方面降低需求（少吃雞蛋），另方面鼓勵本土蛋農增加雞蛋供給，以期快速恢復市場均衡。即使短期內雞蛋無法大幅增加，所以必須趕緊從國外進口加以「平準」，這無可厚非；然而保證並透過政府預算補貼民眾得以買到便宜雞蛋這件事，等於是不想改變大家的消費習慣和行為，並讓雞蛋供應缺口難以彌補。

短期內這可怎麼辦呢？只好想盡辦法透過民間公司迅速到國際市場搜刮雞蛋，匆忙之中難免出錯。特別是受到台灣願意出高價搶蛋的誘惑，極可能連有問題的雞蛋都趕來魚目混珠。大家吵吵鬧鬧的結果，就耗掉一位原本極為優秀的農業評論家林北好油（每每想到電影《孤帆之聲》），和另一位認真負責且對農業極有想法的農業部長陳吉仲。政策矯情的後遺症還真不小，這其實也是經濟治理的問題。否則無法解釋台灣可以做出舉世驚嘆的高階晶片，卻在面對雞蛋問題時左支右絀，即使到今天也是如此。

附帶一提，要培育出體積、重量不大（才能節省養殖空間和飼料）、健康且下蛋頻率穩定的專業生蛋雞，其實並不容易。這些專業生蛋雞從何而來？必須從國外進口蛋種雞，在台灣長大下蛋後孵育出來的第二代才是專業生蛋雞，而蛋種雞我們一直到現在都完全仰賴進口。

事實上，針對農畜產品管理，台灣至今仍然殘存不少戰時管制架構（詳畜牧法），既管價又管量。以雞蛋為例，主要由產銷各方和官方組成的「蛋價評議委員會」來決定產地收購和批發價格，有別於豬肉和蔬果主採拍賣制。

這種層級不高的蛋價評議委員會，能不能單純只依市場供需條件發揮定價功能，我深表懷疑。為什麼這麼說呢？因為通常我們會同時訂出太多政策目標，例如既要照顧消費者，又希望健全產業發展，甚至業界盛傳的選舉因素也會列入考慮。

有趣的是，面對雞蛋問題，我們多半會選擇忽略、甚至不惜扭曲市場機制；但當新書一上架就被平台通路大打折扣，出版界多半盼望得以效法法國、韓國、日本等國，透過立法將書籍認定為文化財，在一定期間內不應打折。這個時候，不少人聞之皺眉說：應該尊重市場機制。

期待雞蛋和書籍在台灣的待遇被對調的那一天趕緊到來。

「林中倒了一棵樹」

落後國家有三個特徵：醫院沒藥、學校沒老師，倒是法院裡滿滿都是懸而未決的案子。二〇一九年諾貝爾經濟學獎得主，班納吉（Abhijit Banerjee）與杜芙若（Esther Duflo）這對夫妻在他們的共同著作《窮人的經濟學》裡有這麼一段話，很生動地勾勒出低度發展中國家所同時面臨的物質匱乏和治理難題。

本書反覆論證，台灣早已擺脫物質匱乏的束縛，唯在諸多公共事務的治理品質仍有待提昇。這裡就舉我親身經歷的「再審之議」做為例子，問題的確不大，卻頗能反映出公部門的集體行為慣性。

根據行政訴訟法，提再審之訴是訴訟當事人（包括機關在內）的法定權利，但必須符合嚴格的法定要件，例如：適用法規顯有錯誤、判決理由與主文顯有矛盾。然而公平會卻常在理由薄弱的情況下出於習慣提出再審，以往甚至曾有直接以被最高行政法院駁回的上訴理由作為再審理由的案例（凱擘、全球、佳訊等三家頻道代理商處分案），無謂增加會內同仁、法院和法官的負擔。反正行政訴訟費用低廉，不提白不提，而且即使提了敗訴、被駁回也沒人究責，不會有事。

這宛如「林中倒了一棵樹」的哲學問題，如果沒人察覺、沒人在意，是不是就可以說這個世界上根本就沒發生這件事？

近來傳出有法官因不堪案件負荷過重而自裁，雖和公平會歷來每每提出再審之訴沒有直接因果關係，但和上述人們這種無妨、何妨的心態有關。

做了好事為何不發新聞稿？

我在擔任兩任八年的公平會委員期間，針對個案或政策方向寫出不少不同意見（書）。其中有一件比較特別，倒不是針對內容，而是針對委員會做出決議之後卻不發新聞稿這件事，有感而發。

有一家國際藥廠在台灣的子公司因為罕見癌症用藥的價格相關爭議被公平

會調查。這家藥廠很可能因不想跟公平會打交道，所以早早就和衛福部達成協議，且依法向公平會申請中止調查程序，後經委員會議審查後同意接受。眼看本會並無新聞稿等後續處理，我只好發難，透過會議紀錄必須登載委員不同意見後公告此一管道，將此案的事實和來龍去脈做為我的不同意見，公諸社會。

我這樣做的原因主要有三個。首先這是一件好事，沒理由不讓社會大眾知道；其次，公平會所做的很多決定和裁處理由，其實都是很好的消費者教育，甚至公民教育題材；最後一個是講出來（speak out）這件事很重要。如果社會多一些政策話題，很可能就會排擠掉雞毛蒜皮的小事。

後來在一次研討會上，看到有一位學者拿被我「偷渡」成功的內容作研究，還因此提出一些建設性意見。那一整天，我的心情特別好。

高通案之「非預期效應」

二〇一七年公平會對全球無線通訊晶片設計大廠美商高通公司做出處分，

除了命其改正案關行為之外，並處以高達新台幣二三四億元的鉅額罰鍰。隔年公平會與高通公司在智財法院見證下達成訴訟上和解，高通公司除了調整部分爭議行為之外，另承諾執行五年期「台灣產業方案」，主要內容包括在台灣設立高階晶片測試中心、從事多項產業技術合作計畫，並投資七億美元不等。我在《隱藏的說客》一書中的「高通案與上帝之手」曾詳加記載這些過程。

二〇二三年底，在我在主持完針對此案長達五年的跨部會（公平會、經濟部、科技部／現國科會）監督小組之後，本以為大概不會再有相關新聞了吧。沒想到二〇二四年四月時，有位關心此案的熱心友人，傳給我一則來自南韓媒體的新聞報導，內容提到台灣當初和高通公司達成和解，「如今看來似乎是正確決定」。而南韓公平會在二〇一六年對高通的處分案，目前仍在纏訟中。

我向來對「非預期效應」（unintended consequences）很著迷，因為那裡面藏有行動倫理問題和某種不可知的神秘感。所以當我看到報導中提到「台灣政府此舉也幫助國內封裝產業，儘管這並非初衷」時，覺得很有趣。特別摘錄如下：

（台灣）此舉不是提振5G產業，而是轉向晶片產業，因為過去五年產業急速變化，焦點也轉為半導體產業，高通在台灣的晶片封裝產業上投入大量資金。矽品表示，高通購買五百套設備，專用於處理高通後端需求。另一方面，韓國封裝公司告訴我們，過去幾年來，他的高通訂單已經輸給台灣競爭對手。換言之，台灣政府此舉也幫助國內封裝產業，儘管這並非初衷。[1]

「必要的緊張關係」

英國人的儀式很細緻，看過二〇二二年伊莉莎白二世葬禮的人大概都會驚

1 新聞報導來源：〈罰款轉投資！韓媒：高通對台灣7億美元產業投資方案，提振晶片封裝業〉，https://technews.tw/2024/04/12/qualcomm-taiwan-south-korea/

奇不已吧。英國人的治理也很有一套，否則歷史上怎會有這種以不多的人口卻打造好幾百年日不落國的國家？而我懷疑這和他們厲害的治理和細緻的儀式高度相關。

看看他們的法官律師戴假髮上法庭的樣貌，雖然滑稽但認真想想也確有幾分道理，表示現正執行任務中。這既提醒別人他們有權威，也提醒自己作角色區隔，甚至透過服裝儀容降低個人化特徵。

我自認私底下待人接物相當客氣隨和，唯在公共事務上一旦碰到認為重要的事情，常常就會不自覺地認真起來，幾乎判若兩人。那可能和平常不太一樣，但跟我下棋、打球時一模一樣。此一風格過去這八年下來聽說早已「名聲透京城」。

常在想，如果我們這邊多少也來點英國風的儀式感，也許科學哲學家孔恩（Thomas Kuhn，一九二二年—一九九六年）在其名著《科學革命的結構》那句「必要的緊張關係」，就不會一直出現在我腦海裡。

孔恩原意是創造性思考和批判性思考兩者之間存在一必要的緊張關係。但對我來說，這句話似乎代表著平常與重要事務、私人與公共事務之間的區隔。我和公共事務之間確實存在緊張關係。

見仁見智過剩？

有個人向精神科醫師抱怨說：「醫生，我哥說他自己是一隻母雞耶，常在我面前走來走去，像母雞般地咯咯叫……。」

那你為什麼不直接告訴哥哥真相，他並不是一隻母雞呢？

「那怎麼行，這樣我哥就不會每天給我一顆雞蛋了。」

這則笑話和經濟學有關嗎？有的，有時候保持沉默就可做為一種生產函數，可輕易確保產出和好處。

我在上一本書《隱藏的說客》裡埋了這個深梗，但似乎沒能引起迴響。其實，這裡的沉默二字也可以替換成見仁見智之類的話。

一直覺得見仁見智這句話在我們社會有點過多了，也知道使用時機可能是為了展現同理心（但過度同理可能會失去主體性）或更看重團體和諧以致犧牲部分準確。但也看到不少是習慣客套、為了安全起見不想透露真正想法，甚至做為迴避判斷責任的托詞。我必須承認，在公共事務上，我對這句話的容忍度不高。

還好我並不偏執，只是想降低所處地方的誤差容許範圍。

III

兩顆公共心靈

一　尋找李前總統的經濟學家印記

❑在潮州遇見李登輝（上）

以前見到你的時候，我眼睛濛濛
這次我一定要看清楚

——李登輝前總統記憶中的歌德《浮士德》（獻辭）

二〇二三年十月初，我到屏東小旅行，順道前往潮州拜訪老友吳啟禎。「遁世無悶」的老友品味極佳，攝影、音樂、茶道之外，閱讀更是廣泛，對歐洲戰後的社會民主體制尤其嚮往。午後客廳閒聊的同時，我的眼光飄向友人精心打造的那一大片書牆。這是我的習慣，每到一個地方，總會不自覺地聞聞嗅嗅有無書香。

彷彿是讀書人的默契，不待友人同意，我隨手翻閱起他的藏書，就像是在逛實體書店一樣。一直到我打開國史館出版的《李登輝總統訪談錄》這套書才停了下來，當時視線就停在這裡：

> 將來經濟的發展，應該以民眾的welfare〔福祉〕、utility〔效用〕、生活改善，做為最重要的目標。
>
> ——《李登輝總統訪談錄之四》，頁二七九

為什麼這一段尋常文字會在那個時候吸引我？仔細回想，很可能是因為那一陣子我剛好在構思一系列以人為本經濟思維的文章，而想法和李前總統相

近，所以容易產生共鳴。又或者，無意間看到我們的前總統竟對經濟學術語如此嫻熟，驚奇之餘倍感親切。

事實上，李前總統原本就是個經濟學者，尤其是在農業經濟學這個領域，很早就在國內嶄露頭角，甚至國際知名。所以，那一天我最詫異的部分其實是自己身為經濟學者，卻對登輝伯的經濟專業如此陌生。僅知他取得康乃爾大學農業經濟博士的論文在美國得過獎，談的是「台灣農工部門的資金流動」，以及先是極力鼓吹、後來成功說服層峰廢除「肥料換穀」政策，對農民幫助很大。至於他的經濟思想為何？貢獻在哪裡？好像也沒辦法說出太多細節。

如果不苛求自己的話，比較合理的解釋應該是李前總統後來的政治功業和光芒，蓋過了早年同樣極其傑出的經濟學者角色。

從一九七二年被行政院長蔣經國任命為政務委員（主責農業政策、勞工職業訓練和石化業發展）開始起算，歷任台北市長、台灣省主席、副總統、總統等職位，李前總統一共從政二十八年。特別是在擔任總統期間（一九八八年—

二〇〇〇年），主導、護持台灣從威權政治走向自由民主，素有民主先生的美譽；晚年更全力關注台灣的認同問題，允為台灣主體意識的重要建構者。日本的政界、學界甚至每每讚嘆，登輝伯已達政治哲人的境界。

我有不少經濟學領域的師長都曾直接受教於李前總統。當初「李教授」開過的課分別有台大經濟系所的經濟政策和經濟發展，以及台大農經系和中興大學農業經濟研究所（協助創辦，當時為省立農學院）的農業經濟學。

從他們口中也陸陸續續聽過一些「李技正」（農復會）、「李政委」（行政院）上課時的軼聞，例如有一年他的課幾乎沒辦法上完，因為屢被「經國先生有找」打斷。

至於我自己和他老人家並無淵源，唯有一次近距離聽他講話的「李登輝經驗」。如今想起，可謂彌足珍貴。

二〇一二年五月底，群策會（同年改為李登輝基金會）主辦了一場「台灣國家經濟發展」的研討會。內容主要有兩部分，包括如何因應二〇〇八年全球金融危機所導致的經濟衰退，以及批判國民黨政府對中傾斜政策（美其名從中國走向世界戰略），尤其是二〇一〇年六月簽署的「兩岸經濟合作架構協議」（ECFA）。

我因受邀在會中發表看法，所以有機會在會前和其他學者一起接受李前總統設宴款待。

記得當時年紀已近九十高齡的他，談興甚濃。遠至日本維新志士坂本龍馬的「船中八策」、一九九七年東亞金融危機期間新台幣匯率如何保持穩定（多次提到許遠東先生），乃至能源政策中有關核能發電與核融合新興技術等話題，無不滔滔不絕、如數家珍。甚至還說想去成大物理系旁聽電漿學呢，並作勢請辦公室主任王燕軍先生代為安排。如此博學健談和旺盛的求知慾，果然名不虛傳。

有人說我很喜歡念書，其實是我比較好奇。我擔任過總統，總統就是總統，有需要讀書嗎？好像不必。但念書和概念有關，而任何事情重要的就是概念的問題。

——《李登輝總統訪談錄之四》，頁二五六

日本人喜歡談概念，每件事都要概念化。

——《李登輝總統訪談錄之一》，頁六七

「實在講，是安捏」，席間我也注意到，每當登輝伯想要傳達重要訊息、轉折語氣的時候，總習慣用這句台語發語詞。自信堅定的神情、鏗鏘有力的語氣，高舉理想（會說出政策是要實現我們的夢）卻又無比務實（明言制訂政策時必須有政治考慮），讓人感覺他似乎時時刻刻都在當真。也許這就是傳說中的豐富多變或人格魅力吧。

如斯感應，多年之後就在南台灣友人的潮州家中，我動起了探索李前總統經濟思想的念頭。最好奇的是，他早年的學術養成，尤其是他一輩子引以為傲的「兩部門農工模型」，主要受到哪些人影響，以及看待農業和經濟發展問題的架構和標準究竟為何？簡單來說，就是尋找李前總統做為經濟學家的印記。

關注期間則從他在一九四三年（二十一歲）入學日本京都大學開始，歷經兩次留學美國，一直到一九七八年因出任台北市長而不再兼任教學工作為止，前後共三十五年。大抵就是李前總統的學術養成和學者生涯這兩個階段。

撰寫本文的主要依據則是國史館在二〇〇八年出版（張炎憲館長主編）的《李登輝總統訪談錄》共四冊、去年出版的《李登輝先生大事長編》，以及《永遠的農業人》（豐年社，二〇二二年）和《春山文藝李登輝一〇〇年專輯》（春山出版社，二〇二三年）等書籍。

由於這些訪談實錄和評析都已非常精彩和完整，我能添增的觀點或線索恐怕都相當有限，反倒是對自己的意義更大些。透過挖掘、書寫和談論李前總統的經濟思想，也是一種知性時刻的再造與延長。

任育德等著，《李登輝先生大事長編》（封面攝影：衛城出版）

江昺崙、陳慧萍著，《永遠的農業人》（封面攝影：衛城出版）

春山出版編輯部，《春山文藝李登輝100年專輯》（封面攝影：衛城出版）

❑馬克斯先生和舒茲教授（中）

一九六八年，李前總統取得康乃爾大學農業經濟學的博士學位，他的博士論文《台灣經濟發展過程中部門之間資本的流通：一八九五—一九六〇》，不僅榮獲美國農業經濟學會全美傑出論文獎，更在國際經濟發展學界備受肯定。

李前總統在其訪談錄中多次提到，他的農工兩部門（two-sector）理論，深受馬克斯（Karl Marx，一八一八年—一八八三年）和美國經濟學者舒茲（T. W. Schultz，一九〇二—一九九八年）啟發。有趣的是，這兩位大師在經濟思想史上的光譜，一個剛好是左派理論和異端經濟學的開宗祖師，極其重視社會平等，另一個則位居主流或正統經濟學，更是晚近「芝加哥學派」的大將，闡釋市場機制和經濟效率不遺餘力。

一九四三年九月，李登輝進入京都帝國大學農學部農林經濟系就讀，開始接觸到《資本論》，而且非常熱衷馬克斯經濟學。馬克斯是個意識形態的天才，資本主義最犀利的批判者，據說除了釋迦牟尼、耶穌和穆罕默德之外，人類有史以來被召喚和呼求最殷切的人，非馬克斯莫屬。在二十世紀上半葉，社會主義、自由主義和法西斯主義三大思潮澎湃洶湧的年代，熱血知識份子紛紛找其思想歸宿，青年李登輝也不例外。

馬克斯是「兩部門經濟成長理論」的先驅

做為「經濟學家」的馬克斯，在「單純再生產」和「複雜再生產」等概念裡，把生產體系區分成消費財和資本財這兩大部門。尤其是「複雜再生產」因考慮到資本累積（儲蓄）對生產的作用，所以可視為一種成長理論。李前總統曾說，他對這套理論不知道已讀過幾十遍、幾百遍，非常之熟。

雖然這些講法同馬克斯其他理論一樣，原意都指向何以資本主義最後必然自我毀滅，卻意外地成為近代「兩部門經濟成長理論」的先驅，足足領先主流經濟學界超過半世紀。

根據李前總統的口述資料，他後來對馬克斯主義主要有兩個反思。一個是價值層次。李前總統堅決相信「人必須有自由才有價值」，然而至少現世的共產主義政權，卻早已忘了此一價值底線。另外則是技術層次。「之後我又重新接觸馬克斯，發現他只有在說一些理論、只停留在定義式階段」，亦即只有提問，沒有清楚的解答。

相當看重行動、甚至會把practice（實踐）這句英語掛在嘴邊的李前總統（聽自丁文郁先生），後來到美國鑽研當時最進步的價格理論和計量經濟學（含統計學）等工具，藉以充實和活化他的農工兩部門模型，也就不教人意外了。

另一個用現代經濟學理論印證李前總統農工兩部門構想的人，則是舒茲教授。和李前總統一樣，舒茲也是農家子弟，早年研究美國農業經濟，先在愛荷華州立學院任教（一九三〇年—一九四三年），之後轉往芝加哥大學，從此把關懷視野擴展到開發中國家。除了經濟發展之外，舒茲另以人力資本理論和教育經濟學享譽學界，並在一九七九年和另一位「兩部門理論」的學者路易士（W.

Arthur Lewis，一九一五年—一九九一年），同獲諾貝爾經濟學獎。

李前總統非常欣賞舒茲的研究，對其在一九四五年出版的書《不安定經濟下的農業》，更是念念不忘。追隨他學習的念頭也成為李前總統第一次留學美國（一九五二年—一九五三年）選擇愛荷華的主因，可惜當時舒茲早已不在那裡。

農業經濟是整體經濟「不可分割的一部分」；農業部門和非農業部門之間相互依存，所以農業問題其實也是部門發展失衡的問題，不可能單單從農業來解決；農業部門的轉型是啟動工業部門發展的重要基礎。舒茲的這些看法想必也深深烙印在李前總統腦海裡。

有別於「暗黑教主」馬克斯眼中的經濟發展是一件血腥的事（為了明天不再有任何階級和競爭壓力今天必須犧牲），舒茲的學說明亮許多。他甚至聲稱：「即使是在開發中國家，也沒有經濟學無法敲碎的貧窮鐵籠。」

但如果據以認為舒茲只是另一個對經濟發展盲目樂觀的傢伙，那就錯了。

舒茲對農業在開發中國家的角色和發展困境，不僅觀點獨樹一幟，而且非常犀利。一九六四年的《轉型傳統農業》一書更是代表作。

舒茲《不安定經濟下的農業》與《轉型傳統農業》原著書影。（封面攝影：衛城出版）

舒茲的提問：為何傳統農業「有效率但仍貧窮」？

舒茲說，即使在落後國家的農村，仍可發現農民同樣具有經濟理性。雖然他們所使用的傳統農業生產方式一成不變，但考慮到外在條件的限制，農民依然展現出高度適應能力和資源配置效率，包括是否擴大規模、創新及技術選擇、農家任務分工等重大決定。

外在限制尤指這些國家的政府未能好好提供發展農業所需的基礎設施（研究發展、新知告知），重稅盤剝之外並刻意壓低農產品價格，甚至對都會地區的照顧勝過鄉村或農業部門。正是這些政策扭曲導致農業低度發展和農民貧窮。此外，在談到糧食和政治問題時，舒茲也觀察到，都會地區特別是首都的窮人，遠比鄉下的窮人更具有政治影響力。

問題來了，傳統農業部門該如何現代化？最重要的改變策略是什麼？

舒茲的結論是，農民和農民所擁有的能力（含健康和教育等人力資本）才是農業轉型和現代化的關鍵，並非耕地大小、農場規模、土壤肥沃與否，天然資源或其他有形資本之有無。而且，發展需要耐心，政府很多的直接管制措施，往往會剝奪農民的自主判斷能力和極其珍貴的「企業家精神」，不可不慎。

無論是農業在總體經濟中的角色或農業政策中的經濟思維，舒茲教授顯然都為李前總統提供不少養分。

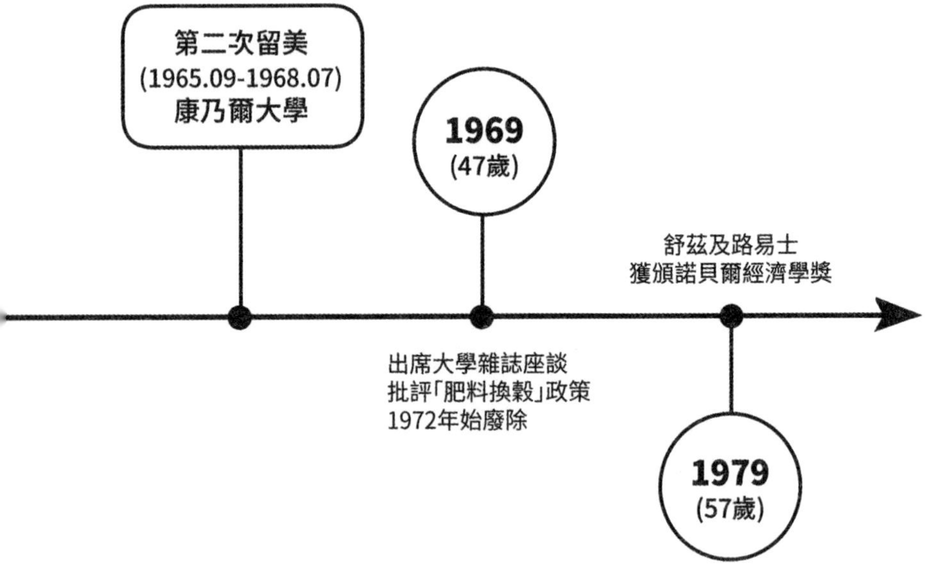
第二次留美
(1965.09-1968.07)
康乃爾大學
1969
(47歲)
出席大學雜誌座談
批評「肥料換穀」政策
1972年始廢除
舒茲及路易士
獲頒諾貝爾經濟學獎
1979
(57歲)

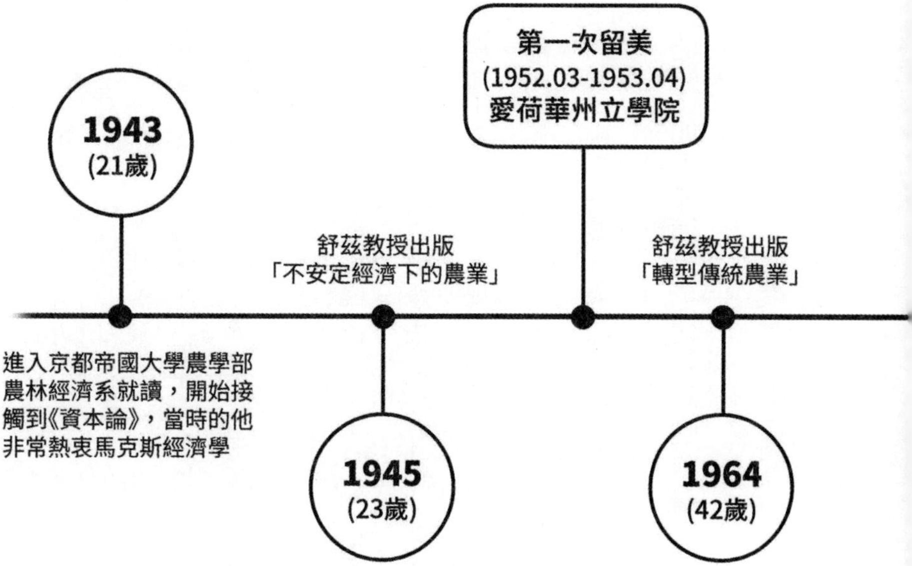
第一次留美
(1952.03-1953.04)
愛荷華州立學院
1943
(21歲)
舒茲教授出版
「不安定經濟下的農業」
舒茲教授出版
「轉型傳統農業」
進入京都帝國大學農學部
農林經濟系就讀，開始接
觸到《資本論》，當時的他
非常熱衷馬克斯經濟學
1945
(23歲)
1964
(42歲)

經濟學面向的李登輝（資料來源：洪財隆／圖片繪製：鄭語桐）

□農民的收入、主體性與能動性（下）

經濟思想和我們是誰、我們應該追求什麼目標、這個世界如何運作，以及我們可以使用什麼政策工具有關，李前總統在這些方面的思辨和實踐可說相當完整、精采。

李前總統在第二次留美期間（一九六五年—一九六八年），以在農林廳、農復會時期所累積的豐富調研數據和經驗為基礎，完備他的農工兩部門理論並加以實證，取得博士學位之外，更從此擁有相當的學術自信。他的博士論文以台灣為案例，橫跨日治時代到當代（一八九五年—一九六〇年），運用數理模型和統計數字說故事。方法論上有人稱之為計量經濟史學。

李前總統的博論：如何兼顧公平與效率的故事

李前總統這份後來影響台灣農業政策走向甚鉅的博論，雖然核心主題談的是農工部門的平衡發展，深層意義則是一則有關公平與效率如何兼顧的故事。除了農業經濟之外，論文同時也觸及國家和市場的關係、政府的角色等發展經濟學上的大課題，雖然出版距今已近六十年，但其政策意涵依然歷久彌新。

那個年代的發展難題很多，包括外匯短缺（甚至外債高築）、資本不足（以高利率為特徵）、國民平均壽命偏低、乃至整體教育水準和衛生環境低落。好事情往往同時發生，但壞事情通常也會聯袂而來。經濟發展的承諾，無非是如何透過資本累積（第一桶金），最好是藉由國內的經濟剩餘或儲蓄，早日擺脫此一惡性循環和貧窮陷阱。

當時台灣的經濟結構和戰後許多開發中國家一樣，農業產值佔GDP的比例甚高（直到一九六五年工業產值才超過農業），農村吸收絕大部分的勞動力（直到一九六七年農村就業人口仍占半數）。所以農業部門向來是「國內經濟剩餘」的最佳來源，也就是李前總統博論中的農業部門資本淨移轉現象。即使考慮到政府對農業部門的投資，包括建設水利灌溉系統等基礎設施和補助，整體農業資金移出仍然大過移入。

至於移轉機制可分為市場面和制度面。前者指的是農產品的價格相對於工業產品持續下降或交易條件惡化（如果是進出口則是貿易條件）；後者在日治時期主要是地主佃農體制，在戰後的國民政府，尤其是土地改革之後，則換成「肥料換穀制度」（由於兌換比例大幅低估稻穀價格，形同對農民課隱藏稅）與「田賦附徵教育費」等措施。此即李前總統筆下對農民的「榨取」。

就在李前總統拿到博士學位的隔年，他開始在公開場合（大學雜誌社所舉辦的座談會）批評肥料換穀等政策，除了嚴重剝削農民的收入之外，更是造成農村衰敗和農工失衡發展的主因。不難想像，有了紮實的博論作後盾，這些見解和主張在當年應該是擲地有聲的。

一九七二年，時任行政院長的蔣經國宣布廢除肥料換穀等制度，旋即設置「糧食平準基金」，改採保證價格收購稻穀。後來因為台灣加入世貿組織（WTO）的緣故，演變成目前仍然施行的公糧收購機制。

附帶一提，由於WTO成立之前的GATT（關稅暨貿易總協定）烏拉圭回合，在一九八六年首度將農業納入談判範圍，包括棘手的稻米收購問題在內，遂成了台灣對外參與經貿組織和內部社會穩定如何保持平衡的試金石。李前總統更因此指示設置規模達千億的「農產品受進口損害救助基金」做為因應。論者常將這些因應措施描述成「農業社福主義」恐怕有待商榷，還是應該回到晚近國際經貿環境劇烈變遷的脈絡下來做觀察。

話說回來，台籍旅日學人伊藤潔在一九七二年所出版的《李登輝傳》一書中，曾以「提高農民所得，以農業為工業發展之後盾」來歸納李前總統的整體經濟發展思維，我覺得相當貼切。事實上，在李前總統早年的著作中，也不乏主張以「平等和效率」做為指標，來評價台灣的農業政策。這和晚近的包容式經濟發展觀，認為經濟的持續發展要調和不同階層的利益，可說不謀而合。即使他的「農為國本」信念，與其說是重農主義，倒不如說是生產者和消費者並重。

以人為本：高舉主體性與能動性

在李前總統的經濟學家印記當中，他對規模的看法也教人印象深刻。Small is Beautiful（小就是美）這句話常被他掛在嘴邊。李前總統並不迷信大規模的產業生產方式，一切都必須從台灣自身的發展條件為何來做判斷。

無論是在闡釋台灣小農經濟的特色、能耐與限制（含何以農會、合作社等民間自發的力量很重要）、打造八萬農業大軍、當年並不贊成台灣發展以外銷為主要目的的大汽車廠，甚至面對中國經濟崛起，台灣應該如何自處這件事，我們都可以看到此一概念的完美貫穿。裡面蘊藏他對誘因機制、主體性和能動性的深邃思考和理念。人和社會的平衡發展，才是李前總統最關心的主題。

李前總統一生對國家治理架構非常重視，反映在他促成我國首部農業憲法——農業發展條例（一九七二年）與農業金融法（二〇〇四年）的制訂，生前猶惦記著他從二〇〇六年即開始倡議的農業基本法，尚未完成立法。晚年仍孜孜不倦，不忘提醒資訊的本質和玄妙之處。

德國當代哲學大師哈伯瑪斯在論及「知識與人類興趣」時曾說，人類有技術的、實踐的與批判的（解放）這三大知識旨趣。若借來描述李前總統對知識和理念的熱情，誰曰不宜？

飛牛牧場、將軍鮮奶、貓空觀光茶園、建國花市……，這些都只是李前總統留給台灣的有形功績。無形的遺產（legacy）則更龐大。

後記

喜歡哲學和歷史的李前總統在很多場合多次提到，有幾本書影響他一生。除了二十世紀初期的日本哲學家西田幾多郎的《善的研究》、十九世紀英國歷史學家卡萊爾的《衣裳哲學》之外，另有一本則是德國大文豪歌德的《浮士德》。尤其是獻辭中的前四句詩句很有意境，特別找來放在這裡。

中文翻譯（引自錢春綺，二〇二一年商周出版）

你們又走近了，縹緲無定的身影
當初曾在我朦朧的眼前出現
這次我可要試圖把你們抓緊？
我的心似乎還把那幻想懷念？

英文翻譯（Bayard Taylor, 1871）

Again ye come, ye hovering Forms!
I found ye, As early to my clouded sight ye shone!
Shall I attempt this once to seize and bind ye?
Still o’er my heart is that illusion thrown?

德文原詩：

Ihr naht euch wieder, schwankende Gestalten!

Die früh sich einst dem trüben Blick gezeigt.
Versuch ich wohl euch diesmal fest zu halten?
Fühl ich mein Herz noch jenem Wahn geneigt ?

Johann Wolfgang Goethe (*1749-1832*), *Faust*

二　AI、資訊和行為經濟學——向康納曼（一九三四—二〇二四）致敬

所謂遊戲，就是自願去克服不必要的障礙。

——伯爾納德・舒茲，《蚱蜢：遊戲、生命與烏托邦》

我心中有兩個學界英雄，一個是認知心理學家卻獲頒諾貝爾經濟獎的康納曼（Daniel Kahneman，一九三四年—二〇二四年），另一個則是英國歷史學家賈德（Tony Judt，一九四八年—二〇一〇年），著有《歐洲戰後六十年》、《想想二十世紀》、《山屋憶往》等書。兩位恰巧都是猶太裔。

英雄如何打動人？除了他們相當傑出的學術表現之外，另有其他原因吧。康納曼成名之後，還另起思路，夥同年輕學者繼續鑽研創作，並趁著疫情期間在二〇二一年出版《雜訊：人類判斷的缺陷》；賈德在漸凍人症發作後都還在著述，一個連自己的背發癢都沒辦法抓的人還要寫書，我覺得這才是真正的頑強。

特別是康納曼在去年以九十歲高齡辭世，做為他的私淑學生，是有必要寫篇文章來紀念他。同時也談談行為經濟學的最新發展，包括和資訊及ＡＩ的關係。

由於對人類各種思維偏誤深具原創性（共同研究伙伴為特沃斯基），康納曼不僅直接挑戰了主流經濟學的理性假設不符現實，更為行為經濟學的誕生和發展奠定基礎。我在兩年前出版的《隱藏的說客》這本書裡，曾對行為經濟學的崛起和核心概念略加評述，重點在於如何有趣又有用。

康納曼：一位喜歡八卦的大師

康納曼是個怎麼樣的人？性格憂鬱的他據說非常喜歡八卦。誰喜歡誰、討厭什麼？誰是最危險的人？察覺或預判別人怎麼想這件事，對古往今來身家性命財產總是飽受威脅的猶太人來說，格外重要。

另一個八卦理論則來自《人類大歷史》三部曲作者，以色列歷史學家哈拉瑞（Yuval Noah Harari）。談是非、聊八卦，是人類能夠避開危險所在（哪邊有熊出沒、何處是狼徑），甚至進一步攜手合作，最後得以生存和發展的重要能力。另一個關鍵因素則是「互為主體性」，亦即共同想像或相信虛構故事的能力！

康納曼認為，人們喜歡看到他們的不同資訊來源高度相關，至少要若合符節，我們才會覺得安心。這也解釋了不少源於捷思（快思）和情緒反應的認知偏誤，以及為什麼人們會聽信那些看似荒謬的陰謀論。所謂「後真相」時代，人們往往不在乎真相，只願相信自己想相信的現象，而且往往會忽略訊息提供者的利益衝突問題。

人的精力有限，以康納曼的說法則是人的認知能力屬於稀有資源。為了善用這些有限的注意力，大腦結構發展出兩種彼此分工的認知模式，其中系統一依賴直覺和情緒反應，系統二則強調邏輯、理性和深思熟慮。兩種認知系統既合作又競爭，讓人類的行為有時候看似不理性、不完美，仔細想想背後卻好像又有一份道理。

很多時候，尤其是在日常生活，系統一往往會直接發號施令，好讓系統二更能專心處理那些攸關生存和發展的重要事情。這種極為有趣的認知模式雙元性，應該也是來自演化的奧秘。

所以，我們這些凡人很多時候並沒有那麼勤快、深具遠見和專注，其實是一件再正常不過的事了。以亮點偏誤（saliency bias）為例，指的是人在做判斷時總是受到明顯可見或記憶猶新事件的影響。西方有句老話：不是所有閃閃發亮的東西都是金子（Not all that glitter is gold?）。然而，那些閃閃發亮或比較搶眼的、縱使膚淺，人們往往會高估他們就是金子的機率。

特別是在這種資訊和選擇顯然都超載的時代，大家的時間被嚴重切割，加上注意力有限所以更容易分心，因此直覺（系統一認知模式）相對於邏輯和理性（系統二認知模式）將更有發揮餘地。可以說，行為經濟學的應用，無論是商場或政策領域，後勢仍然看好。

人類當前的三大難解問題：氣候變遷、疾病、低落的生產力，據說都必須乞靈於ＡＩ。反過頭來講，現今的科技進步神速，尤其是自動化和ＡＩ對人類社會帶來三大衝擊：惡化經濟不平等（透過衝擊勞動市場）、威脅自由民主體制（例如真假莫辨的假新聞），以及危及更根本的人類生存。說時遲、那時快，有朝一日當ＡＩ具有意識時，不知結局將會伊於胡底？

總覺得數位科技和ＡＩ對人類社會的衝擊，有如西元第四世紀時來自亞洲的匈奴人入侵歐洲，引發西方各部落蠻族互相推擠和大遷徙。就經濟的部分，很多產業消失、更多產業興起、既有產業加強水平或垂直整合，影響極大。但不管如何，近來倒是有一個新興話題，那就是當ＡＩ遇到行為經濟學。

一方面，這是一個ＡＩ、大數據和演算法已經滲透到日常生活中的年代。由於各種數位足跡、資料更容易獲得追蹤整併，對人們特定偏好和選擇的了解、預測或監控，不管影響好壞，就資訊的角度已頗為接近全知觀點。尤其是拜大數據之賜，可讓研究人員察覺人們更細微的行為模式及其相關性，除了有助於驗證行為經濟學的學說之外，更多「客製化」的建議，也會隨之產生。

另一方面，行為經濟學講的捷思（heuristic），原意即是啟發和部分觀點，其所強調的「天然蠢」，更和「ＡＩ人工智慧」直接對伩。人工智慧加上行為經濟學之後，判斷和決策的視角從此得以更加全面而完整。話說回來，ＡＩ所衍生的隱私權保護、演算法的透明性等問題，必須要有相應強度的規範意識和作為，才能贏得大眾信任並確保數位科技進步轉成人類福祉。

資訊經濟學大幅翻新

講到行為經濟學的發展，有號人物絕對不能不提——喬治．洛文斯坦（George Loewenstein）。他是經濟學者，心理學的造詣頗深（心理學巨匠佛洛依德的曾孫！），能夠成為行為經濟學的重要領航人物，好像也很自然？二〇一七年的諾貝爾經濟學獎得主塞勒（Richard Thaler），在其《不當行為》一書中即特別點名洛文斯坦，感謝他在這個領域的卓越貢獻。

除了行為經濟學之外，洛文斯坦同時也是當代腦神經經濟學的創建者，心思和筆觸都非常細膩，甚至帶點玄妙與自嘲。他自稱是跨經濟學和心理學這兩大領域「偏執的孤狼」，看看他的研究主題，大概可知一二。從投資風險、過度自信、跨時選擇（意志力）、情緒和情感效應、同理心和同情心（何以亞當．斯密也是行為經濟學家），到性愛需求與享受，乃至無聊的諸多意涵……，可說五花八門，而且見解每每發人深省。

二〇〇七年，洛文斯坦主編出版了一本《奇異偏好：行為經濟學與人性動機》（*Exotic Preferences*），內容即環繞在他的研究旨趣（他說網羅舊作好似在辦自己的生日派對或葬禮），單單書名就已經透露出他研究之別出心裁。

在網路社群媒體興起之後，資訊的本質已經悄悄發生變化。近來洛文斯坦對這方面的研究也屢有佳作。不過，這一切還是要從史蒂格勒（George J. Stigler，一九一一年—一九九一年）在一九六〇年代率先開啟的資訊經濟學談起，後來不僅成為經濟學處理資訊問題的正宗典範，更為一九七〇年代「資訊不對稱」的輝煌研究打下基礎。

● 小辭典：資訊不對稱（asymmetric information）三位大師

資訊不對稱旨在探討當人們擁有數量不相當的資訊時，彼此如何發生經濟互動，是市場失靈的一種類型。二〇〇一年，諾貝爾經濟學獎頒給研究資訊不對稱的三位學者，包含艾克洛夫（George Akerlof）、史賓斯（Michael Spence）與史迪格里茲（Joseph Stiglitz），以表彰他們在以下領域的傑出表現。

艾克洛夫：逆向選擇（adverse selection）。當買方無法從賣方所出售商品的外觀來分辨其品質時，那麼市場上的商品平均品質會低於買方的預期，亦即低品質的商品（客戶、員工）將會排擠高品質的商品（客戶、員工）。常見於二手車（檸檬車）、保險與勞動市場。

史賓斯：用訊號傳遞訊息（signaling）。擁有較多資訊的人，例如賣家會利用廣告傳遞訊息給買方或雇主，透露其販售產品的品質。另以高等教育為例，人力資本理論認為受高等教育將提昇生產力，但此處則強調求職者可藉以向雇主傳遞其具有較高生產力的訊息。

史迪格里茲：篩選（screening）。缺乏資訊的一方利用篩選來獲取更多的資訊。例如公司藉由考試來找到能力較好的員工。

以上資訊不對稱的定義部分參考自「經濟學原理」(N. Gregory Mankiw)。

史蒂格勒提出幾項主張：資訊是稀有財，同其他商品一樣也能買賣；資訊的功能是輔助決策，而且僅止於此（亦即不會進入效用函數）。同時，資訊愈多愈好，所以頂多只能被忽略，不會被主動拒絕。

洛文斯坦則發現，在網路時代，資訊的功能不再只是扮演判斷和決策的輔助角色。亦即藉以獲得更多的財富和消費，然後提昇滿足水準（效用）。如今，資訊本身就能產生快樂或帶來痛苦，直接成為效用的一部分（經濟學術語：進入效用函數）。若以謝林的話來說：心也可以是消費器官（The mind as a consuming organ）。

這很奇怪嗎？認真想一想，我們心中或腦海中的記憶和期待不也都能左右我們快樂與否？這種觀念被洛文斯坦稱為「信念效用」（belief-based utility）。

依照傳統資訊理論的說法，一旦有新的資訊進來，理性的人們將會隨之調整對外在世界的看法，但現在恐怕不是這樣。很多人反而是繼續堅持、甚至捍衛原先對外在世界的看法（信念），好像這些信念是他們擁有的財產或自家的小孩一樣，絕對不容他人偷走。有些情況甚至也會像鴕鳥一般，逃避資訊。

最新的DataReportal報告指出，全球網路使用者平均每天上網（包括廣播、有線和串流媒體等）的時間為六小時四十分鐘，台灣更高達七小時十三分鐘。再考慮到我們每天生活中，幾乎已被社群媒體、信用卡線上交易和智慧型手機的地理定位等數位環境包圍，加上個人資料也已高度整合，人們和資訊互動的模式，確實已和過去大為不同。

根據洛文斯坦的分析，現在人們和資訊互動可區分成四種態度，可參照左圖。

大家看了這四種行為類型，應該都會會心一笑吧，既奇特卻又尋常可見。對個人來說，單單決定哪些資訊可分享、哪些想保密，確實已經是一件愈來愈複雜的事。例如人們會主動逃避資訊的這種行為，不僅隱含取得資訊和解釋資訊的選擇空間很大，更說明了意見和政治何以容易出現兩極化。

洛文斯坦的行為科學前衛研究，不僅超越史蒂格勒對資訊的洞見，更讓我

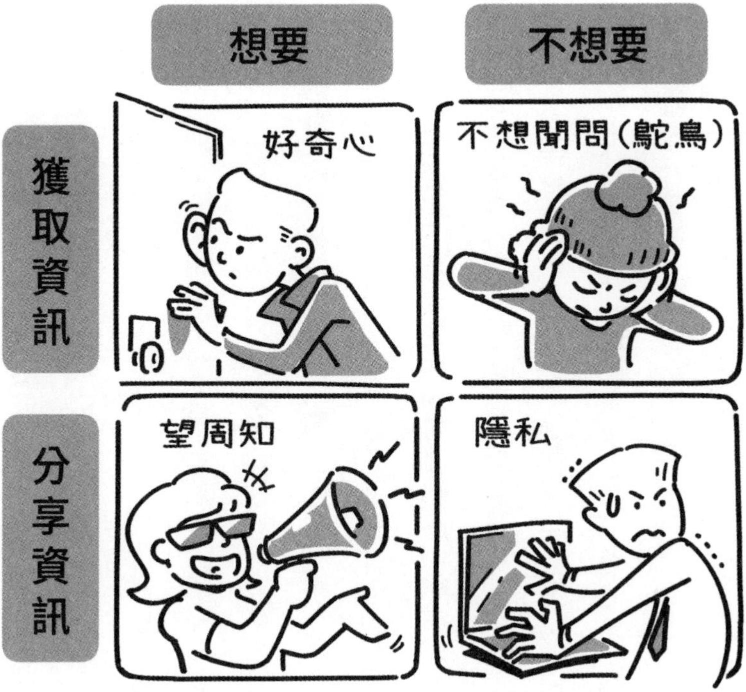

人們和資訊互動的四種態度。左上：有時候人想獲得資訊的動機是出於好奇心，滿足時刻通常也是失望時刻，且明明這些資訊對決策並沒有實質幫助。右上：和好奇心相反，有些情況是人們會逃避有用資訊，掩耳不想聽令人不快的訊息。右下：人們有時候會出於隱私考慮保有特定資訊，即使未必有此必要。左下：有些人彷彿有強迫症一般，心血來潮時就非得和別人分享資訊不可，哪怕這些爆料可能帶來自我毀滅，此即所謂「隱私的悖論」(privacy paradox)。(資料來源：洛文斯坦，二〇二一年／圖片繪製：鄭語桐)

們對網路時代人們和資訊的互動模式有更深入的瞭解。掌握這些概念對理解當代社會發展和商業模式，甚至對抗假訊息，只會愈來愈重要。

在工業革命時代，當農人大量湧向工廠，當時的經濟學家如亞當・斯密等人，把土地、勞工和資本視為最重要的生產因素。後來隨著經濟發展，技術、人力資本和資訊等無形資產的重要性日益提高。

晚近更由於數位時代的來臨，從小聽到大的「資訊大爆炸」，如今確實成真，到處滿滿都是資訊，供給之多可說已目不暇及。這也意味著注意力作為一種精神心理資源，重要性已經水漲船高，除了對消費行為的影響不言可喻之外，甚至逐漸被經濟學界考慮應列為生產要素。

尤其是近來ＡＩ和其他數位科技日新月異，這些突進技術將如何強化、引導、甚至取代人類的注意力，未來勢必成為關注焦點。提早準備、好好掌握「注意力經濟學」絕對不會錯。

系統架構 vs. 個人架構

在行為經濟學紅透半邊天之後，近來洛文斯坦卻不忘開始提出預警，以免在公共政策的應用上方向走偏。

系統架構（system-frame）即傳統的公共政策思維，著眼於改變人們生活於其中的規範、規則和制度。這也是主流經濟學的主場，由於往往涉及遊戲規則改變和所得重分配，通常必須做出困難決定。

個人架構（individuals-frame）則把焦點置於個人身上，強調腦神經運作或認知機制對想法和行為的影響。這方面正是行為經濟學的擅長之處，針對行為偏誤下手（過度自信、自利、現時偏誤、現狀偏誤、旁觀者效應／責任分散等等），不必改變遊戲規則。畢竟，個人習性、脈絡狀況和情緒等三大因素是行為經濟學的主要關懷，暫時避開了惱人的規範與制度問題。

尤其當前面臨政治兩極化和政府預算普遍困難的時刻，由於改善個人架構相對輕鬆（不致引發太大爭議）所需費用也不高，在全球各地都很受歡迎。行為專家們宣稱，只需一點點改變，結果就會大不同。

然而洛文斯坦卻反思，太過強調個人可能會分散對整體政策注意力，亦即迴避真正且嚴肅的問題，例如氣候變遷、能源開發和政府醫療預算等問題。一如法國經濟學家提洛爾眼中的民粹主義，除了不信任專家和反體制之外，另個特色就是「大家都不做困難決定」。

特別是如果在系統架構已備妥解決方案，只是由於既得利益的杯葛而未被採行（因為維持現狀對他們最有利），那麼過度沉迷於個人架構，即個人層級的解方，等於減少對深層改革的支持，一不小心就會成為維護既得利益的共犯。兩者應力求整合，否則很容易流於中看不中用的花拳繡腿。

專欄四

● 無聊、好奇心和注意力經濟

窮極無聊、百無聊賴，無聊（boredom）更可以拿來罵人。無聊的經驗人人有吧，但我們從小到大很可能都小看了無聊這件事。

甚至有人說，無聊是一種身分象徵，因為感到無聊通常得要先有閒暇，一般人為了生活已經忙得團團轉，哪有空無聊？

加拿大心理學家伊斯特伍德（John D. Eastwood）等人從二〇〇〇年開始有系統地研究無聊，他們把無聊定義為「一種處於想要什麼的嫌惡狀態，但卻未能從事令人滿足的活動」(an aversive state of wanting, but being unable to engage in satisfying activity.)。

心理學上的無聊是一種嚴重程度次於疲憊、挫折和冷漠的負面情緒。但無聊可能會和其他糟糕行為高度相關，例如沉迷賭博、路怒症和過度尋求外在感官刺激等。

被視為行為經濟學先驅的匈牙利裔美國經濟學家西托夫斯基（Tibor Scitovsky，一九一〇年—二〇二二年），在一九七六年出版《無快樂的經濟：人類獲得滿足的心理學》，可說是一本把無聊推到分析頂點的有趣著作。問題主要是，當生產力提昇、所得和休閒時間都增加之後，我們該怎麼辦？

西托夫斯基認為，豐沛但缺乏激勵的尋常消費（著重短時間內的舒適）終將讓現代人感到無聊厭倦、難以快樂起來。人們應該培養消費和休閒技巧，特別是發掘那些和快樂有關且能活化心靈的消費經驗和休閒內容，例如體能訓練、培養手工藝、園藝技能、彈奏樂器等。

此外，人們需要保持忙碌，否則很容易感到無聊。然而目前的社會文化發展階段還不足以讓每個人既擺脫無聊，又能在舒適、刺激和快樂之間自由選擇，找到健康的生活方式。

有時候人們會羞於承認自己很無聊，擔心自己會被貼上沒有活力、內心枯竭、無所事事、漫無目標等標籤。這種情況似乎有別於憂鬱，因為大家往往會把憂鬱跟智慧、多愁善感和唯美做連結。

對眾多渴望的渴望（desire for desires），俄國大文豪托爾斯泰如此界說無聊。無聊其實混合著疲憊和騷動不安（restlessness）這兩種心理元素，隱含必須做點什麼來改變現狀。所以無聊和冷漠不一樣，在負面意義之外尚有正面效應。例如無聊可喚醒內在好奇心，可善加利用來點燃創造力。

隨著科技進步，我們遠比祖先們有更多的自主時間，意味著現代人必須創造更多活動來填補並保持忙碌。尤其是自從進入數位時代以來，據說感到無聊的人反而愈來愈多，原因主要出在人們的注意力被過度切割、上癮（強度必須愈來愈高否則難以被滿足）和意義感流失。

洛文斯坦甚至嘗試為無聊建立起一套基本理論。在數位經濟時代，無論是在生產或消費，注意力所扮演的角色愈來愈重要，但有限的注意力究竟如何配置？初步的答案是，由無聊和好奇心等因素共同決定。

後記

不願散去的傻氣

不曉得從什麼時候開始，我有了兩樣覺悟。一個是人生最真實的限制是時間。因為在所有的資源裡只有時間無法借貸，任憑你多富有或多成功；另一個則是對徒勞（無功）這件事不再害怕。意義的追尋本身就藏有意義，特別是如果能在追尋過程中得到共鳴，更是無比可貴。

這兩大覺悟後來成為我為文和做事的力量來源。即使世局和時局不靖，即使這世界變得愈來愈兩極化，即使明知眾人對政策議題的關注和耐心普遍低落。但還是要做點什麼吧。

翻翻自己在二十多年前的部落格舊作，從中發現不少有趣的句子。像是

「不願散去的傻氣」、「神燈，神燈，把我變成一根攪拌咖啡與糖的湯匙吧，因為我喜歡那樣的姿勢與那種速度……」，看來早已為《壓力下的優雅》這本書埋下伏筆和奇緣。當年就是因為這些字句結識了胡慧玲和林世煜賢伉儷，然後一路連結到平路—蕙慧姐—行為經濟學和衛城出版社。好一趟教人驚嘆的言辭之旅。

這本書最後能夠順利出版，除了很多人的鼓勵之外，衛城出版社的籌劃和支援功不可沒。尤其是責任主編宋繼昕小姐的協助最是關鍵，從書寫構想到內容增補，她細膩且深具功力的修辭建議和提問，對寫作者幫助很大；仕翰副總編輯對書名和副書名的成形更具貢獻，都深深感謝。

「寫點值得看的東西，做點值得寫的事」，美國開國元勛富蘭克林曾如此勉勵他的同僚後輩。希望這本書，多少也能符合富蘭克林先生此一期許。一點點，不用多。

二〇二四年十一月，我注意到一則報導日本詩人谷川俊太郎去世的新聞。

坦白說，我對日本詩歌了解很有限，只知他們的詩歌似乎不太強調韻腳，但很重視語感和意境營造。我之所以會留意這位詩人的訊息則和我是雪粉——日本創作型女歌手中島美雪的忠實粉絲有關。

有一回，在宋瑞文先生主持的「中島美雪介紹會」上，知道在一九七五年正式出道的美雪，原本有機會更早出道，但在一次歌唱比賽中因為擔任評審之一的谷川俊太郎給所有的參賽者出了一道考題，讓美雪深感震撼，最後雖然在比賽中得獎，但婉拒出唱片的機會。這道考題是谷川俊太郎的詩作「我歌唱的理由」（私が歌う理由）。很喜歡這首詩，更喜歡這則故事。特錄於後，希望有一天也成為我繼續寫作的理由。

我歌唱的理由

我歌唱
是因為一隻小猫崽
被雨澆透後死去
一隻小猫崽

我歌唱
是因為一棵山毛櫸
根糜爛掉枯死
一棵山毛櫸

我歌唱
是因為一個孩子

瞠目結舌，顫驚呆立
一個孩子

我歌唱
是因為一個單身漢
蹲下來背過身子往別處看
一個單身漢

我歌唱
是因為一滴淚
滿腹委屈和焦躁不安
一滴清淚

《谷川俊太郎詩選》，田原譯

Belong 19

壓力下的優雅：喚醒以人為本的台灣經濟

作者——洪財隆
總編輯——洪仕翰
責任編輯——宋繼昕
行銷——張偉豪
封面設計——Bianco
排版——宸遠彩藝

出版——衛城出版／左岸文化事業有限公司
發行——遠足文化事業股份有限公司（讀書共和國出版集團）
地址——二三一四一　新北市新店區民權路一〇八－三號八樓
電話——〇二－二二一八一四一七
傳真——〇二－二二一八〇七二七
客服專線——〇八〇〇－二二一〇二九
法律顧問——華洋法律事務所　蘇文生律師
印刷——呈靖彩藝有限公司
初版——二〇二五年二月
二刷——二〇二五年三月
定價——四二〇元

國家圖書館出版品預行編目資料

壓力下的優雅：喚醒以人為本的台灣經濟／洪財隆作.
－初版.－新北市：衛城出版，左岸文化事業有限公司出版，2025.02
面；　公分.－（Belong；19）
ISBN　978-626-7645-08-6（平裝）
1.CST: 臺灣經濟　2.CST: 經濟政策　3.CST: 人本主義
552.33　　　113020433

ACRO POLIS 衛城
EMAIL　acropolismde@gmail.com
FACEBOOK　www.facebook.com/acrolispublish